大樂文化

看見
趨勢訊號
再下單

用**190**張圖看懂反轉與持續的**10**個形態

30 年實戰投資聖手　丁聖元◎著

Contents

第 1 章　投資聖手教你畫趨勢線，判斷方向和速度　*013*

第 2 章　橫盤好漫長！關注「持續」形態有效追擊　*069*

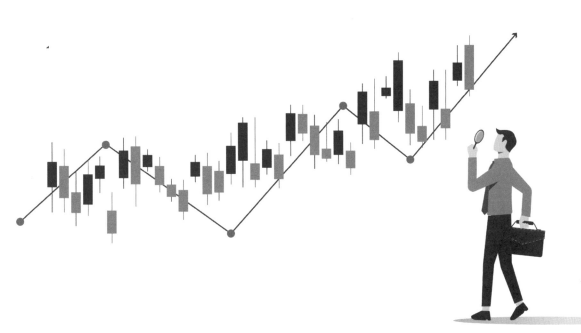

掌握 3 視角技術分析，
從全局到細節都看透 *193*

第5章 修練4個心法，
散戶也能靠技術分析賺飽飽 *215*

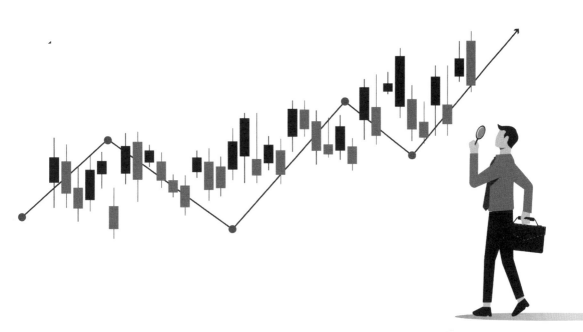

前言

結合東西方技術分析，用 190 張圖教你看懂趨勢再出手

我在 1990 年踏入職場，從外匯交易做起。那個年代沒有電腦圖表，每天都要手繪行情線圖。外匯交易的主要研究工具是技術分析，因此我幾乎是一踏進市場，就開始學習技術分析的方法。

1993 年，我翻譯約翰‧墨菲（John. J Morphy）的《期貨市場技術分析》，這本書是經典的西方技術分析教材。1998 年又翻譯史蒂夫‧尼森（Steve Nison）的《日本蠟燭圖技術》，這本書講述東方技術分析，即 K 線技術。

以上兩書相互為輔，全面介紹技術分析的理論與方法，很適合作為學習起點。然而，隨著實戰經驗累積，以及對技術分析的理解加深，我心裡冒出一些疑問。

以《期貨市場技術分析》為例，首先該書第一章提出技術分析的 3 條基本假定：市場行為包容消化一切（編註：意指價格走勢反映各種基本面因素）、價格以趨勢方式演變、歷史會重演。但這似乎只是歸納現象，並未揭示造成市場變化的內在原因。

其次，該書內容全面，但哪些是主要的技術分析工具？特別是，當不同工具發出的訊號互相矛盾時，我們該如何取捨？很顯然，技術分析的各種工具不能等量齊觀，而是有些具有關鍵性，有些屬於輔助性。

最後，西方技術分析往往是用一項工具解析一個層面，雖然分析能力強，卻可能導致見樹不見林。市場趨勢的演變具備起承轉合，我們該如何認識其中的整體感呢？

接著，以《日本蠟燭圖技術》為例。首先，K 線技術形態的花樣繁多，死記硬背不是辦法，其中通用的基本原則是什麼？如何才能以簡馭繁、綱舉目張？

其次，K線技術訊號大多十分靈敏，往往憑藉2～3根K線就能得到線索，但是這樣的技術訊號能管用多長時間？怎樣理解K線技術的長短時間架構？

更重要的是，如何結合西方和東方的技術分析方法，建立整體的分析框架？多年來，這些疑問一直在我心頭縈繞，驅使我不斷學習、思考，試圖在實戰中尋求解答。

趨勢變化就是張弛交替

為了將東西方技術分析的精髓融會貫通、自然整合，本書將運用西方技術分析的趨勢定義，來理解K線圖表與技術形態，將繁雜的K線技術簡化為基本的趨勢演變過程。

金融市場異常複雜，我們進場投資前，要先看清楚市場大趨勢，理解中期和短期趨勢的變化邏輯，才能做到順勢而為、趨利避害、穩健獲利。分析市場並應對變化的關鍵在於簡化，也就是抓住行情變化與投資交易的本質。

簡單來說，這個本質就是「文武之道，一張一弛」。當行情順利推進時，多數市場參與者都會察覺明確的趨勢方向，行情接連創新高（或創新低），形成向上（或向下）延伸的線條，這是「張」。

忽然之間，行情掉頭，突破一個近期的代表性低點（或高點），後續行情究竟是轉向，或是調整一段時間後繼續原有趨勢呢？趨勢變化就從這裡產生。

變化剛剛發生時，線索很少，讓人看不出頭緒。慢慢地，市場穩定下來，行情逐漸顯示出持續形態或反轉形態的特徵，演變為橫向發展的團塊，這是「弛」。「弛」的過程不斷出現新的市場訊息，最後市場透過向上或向下突破，進入另一個「張」的階段。

在「弛」之後，一種可能是恢復原有趨勢。在這種情況下，前期的「張」確立趨勢，「弛」調節趨勢節奏，後期的「張」順勢而行。另一種可能是原有趨勢逆轉，產生新趨勢。在這種情況下，前期的「張」和後期的「張」分道揚鑣，「弛」的過程從最初的不確定，醞釀成天翻地覆的大變化。

總之，「張」和「弛」的延續，都是既有市場狀態的延續，無論從「弛」

到「張」，或是從「張」到「弛」，都是既有市場狀態的改變，可能引發趨勢變化。

簡化行情讓趨勢更清晰

要掌握上述變化，重點是切實熟悉技術分析的理論和工具，包括基本的圖表形式、趨勢定義、理想的趨勢演變模式、基本的趨勢分析工具、價格形態等等，便能透過簡化來解決以下重要問題：

◆趨勢方向
◆趨勢階段
◆張弛轉化的發生和演變

基本上，分析市場的過程，就是上述簡化的過程。

寫作本書的目的是將趨勢分析的方法融會貫通，使它們更切合實用。為了力求深入，本書的圖例包含股市、外匯、能源、貴金屬、債券等眾多金融市場，幾乎每個圖例都附有詳細的解說，並從各個角度反覆分析。

本書的前身是授課講義。清華大學深圳國際研究生院期貨培訓、北京大學經濟學院金融與投資研修班，多次邀請我為金融從業人員、在產業界從事避險與交易的人員，講授技術分析。我每次授課前都認真修改講義，力求講得更明白，經過不斷累積、修改和補充，終於有所收穫。衷心感謝各位老師和同學！

導讀

行情進入橫盤 100 次，只有 1 次會反轉，該怎麼把握？

本書共分為 5 章，我逐一介紹各章內容如下。

第 1 章：投資聖手教你畫趨勢線，判斷方向和速度

趨勢線是是識別趨勢的有力工具，能貼近行情本身，最大限度地保留原始市場訊息，並標示市場狀態的邊界。當行情突破邊界時，趨勢線可以幫助投資者在第一時間，注意到市場狀態可能改變。

趨勢線簡明而實用，是技術分析的基礎，值得深入研究。

第 2 章：橫盤好漫長！關注「持續」形態有效追擊

市場處於趨勢狀態時，行情軌跡像是一條上升或下降的線。市場處於非趨勢狀態時，行情軌跡像是或大或小的團塊。線是前進，團塊是停頓。

價格形態可以區分「行情團塊」的性質。若預期團塊完成後，原趨勢將繼續，行情將往原方向前進，便屬於持續價格形態；若預期原趨勢將逆轉，行情將往反方向前進，則屬於反轉價格形態。當市場進入非趨勢狀態，投資者越早分辨其性質，越能及時採取恰當的應對措施。

第 3 章：趨勢大轉彎？洞悉「反轉」形態抓準買賣點

在趨勢演變過程中，如果停頓的情況發生 100 次，其中可能有 99 次都是持續性質，只有一次屬於反轉性質。為了辨識唯一的一次趨勢反轉，投資者要小心應對 100 次當中的每一次。

反轉形態標誌著趨勢的完全逆轉。追蹤趨勢的過程就是恰如其分地處置行情團塊，盡早分辨價格形態屬於持續形態或反轉形態。解開這團亂麻，就

能接著享受下一段行情線條。

若有證據表明行情團塊將是持續形態或反轉形態，自然是最好不過。然而，若有證據表明它不可能是某種性質的價格形態，更可能是另一種性質，投資者可以從反面加以利用。

第 4 章：掌握 3 視角技術分析，從全局到細節都看透

我們可以從 3 個層面應用技術分析。第一個層面是使用趨勢定義，關注重要的歷史高低點，將它們作為比較基準，識別長期乃至超長期趨勢。

第二個層面是價格形態層面，透過分析價格形態追蹤趨勢演變，判斷趨勢將持續還是反轉。第三個層面是密切追蹤每根 K 線，尤其是最新的 K 線動態演變過程，主要運用 K 線形態分析、基本買賣訊號等。

第 5 章：修練 4 個心法，散戶也能靠技術分析賺飽飽

當人們遭逢境遇變化時，身體往往動得比頭腦快，現實變化也比思想轉變還要快。學會技術分析的基本目的是，投資者在事件發生時，能正確地認識事件本質，在事件發生後的第一時間採取恰當的應對措施，盡可能縮短滯後效應，讓行動不脫離現實。

| 第 1 章 |

投資聖手教你畫趨勢線，
判斷方向和速度

1-1 想判定市場狀態，你要先了解行情事實和運行特性

3 種市場狀態及相應的交易策略

市場狀態按照方向，可以分為 3 種：上升趨勢、下降趨勢、橫向趨勢，其定義和意義分別如下。

◆**上升趨勢**：行情走出更高的高點、更高的低點（見圖 1-1a）。這代表市場有能力向上拓展空間，而在回落時，至少能保留一部分上漲的成果。

◆**下降趨勢**：行情走出更低的低點、更低的高點（見圖 1-1b）。這代表市場有能力向下拓展空間，而在回升時，至少能保留一部分下跌的成果。

◆**橫向趨勢**：行情走勢既無明顯的新高，也無明顯的新低（見圖 1-1c）。這代表市場沒有能力打破現狀，只能在過去開拓的價格空間來回運行。

市場是由眾人參與，並且為眾人服務，為了符合統計學的大數法則，所謂「更高、更低」描述的現象，應該是市場參與者感覺到明顯可辨的。也就是說，相差的數額應達到一定程度。比如說，相差 0.5％以內，人們或許不會覺得明顯有異，而相差 5％以上，差異就十分明顯。

特別是，當市場處在趨勢狀態，投資者對相對高低的動態變化可能更敏感；當市場處在非趨勢狀態，特別是持續時間較久時，投資者可能變得遲鈍、多疑，不容易發覺行情的高低差異。

趨勢狀態是指上升趨勢或下降趨勢，根據趨勢原理（編註：詳細介紹請見丁聖元著《史上最強趨勢投資》第一章），兩者的市場行情與背後驅動因

圖1-1a 上升趨勢定義的示意圖

◀ 前一對高低點構成比較基準，後來
走出更高的高點和更高的低點。

圖1-1b 下降趨勢的示意圖

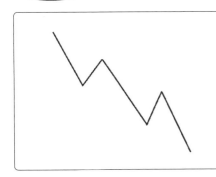

◀ 前一對高低點構成比較基準，後來
走出更低的高點和更低的低點。

圖1-1c 橫向趨勢的示意圖

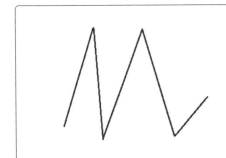

◀ 前一對高低點構成比較基準，後來
的高點沒有更高，低點沒有更低，大
致都局限在比較基準的範圍內。

素（例如：消費者需求、企業利潤、市場利率等）形成正相關循環，導致市場行情要麼越來越強，要麼越來越弱。

非趨勢狀態是指橫向趨勢，換句話說，橫向趨勢其實就是沒有趨勢。根據趨勢原理，其市場行情與背後驅動因素形成負相關循環，導致市場行情越來越局限在一定的範圍內。

從理想趨勢演變模式來看，趨勢演變並非平順向上或平順向下，而是包括以下 3 階段。

◆**第一階段**：頭部或底部，這是典型的非趨勢狀態，即橫向趨勢狀態。

◆**第二階段**：要麼是橫向趨勢，要麼是向上傾斜或向下傾斜的盤整過程，而且上升趨勢的第二階段多為向下傾斜盤整，下降趨勢的第二階段多為向上傾斜盤整。

◆**第三階段**：表現為快速拉升或快速下跌，過程中的波動次數少、幅度小，是典型的趨勢狀態。

實際上，理想趨勢演變模式不包括橫向趨勢，而是將橫向趨勢視為上升趨勢或下降趨勢當中的一個階段或組成部分，或者是上升趨勢與下降趨勢互相轉化的過渡階段，因為歸根究底，決定投資盈虧的是上升和下降趨勢，不是橫向趨勢。

我們將上述討論的內容歸納成表 1-1。綜合以上所述，市場演變表現為持久趨勢狀態、趨勢逆轉、反向的持久趨勢狀態、趨勢逆轉……。

從「倒水實驗」看市場演變模式

拿一瓶水慢慢倒在地上。我們會看到水在一個地方匯聚，在表面張力的作用下形成小水團，而且水團的邊緣四處晃動，尋求突破擴張。

突然間，水團破裂，水迅速流淌，留下一條水流。

水流淌到另一個地方，再次匯聚形成小水團，其邊緣四處晃動。再一次，水團突然破裂……。

就這樣，將一瓶水慢慢倒出，水不停向前流淌，以形成水團、突破水團

表1-1　市場狀態分類及相應的交易策略一覽表

	理論依據	名稱	簡述	交易策略
市場狀態分類	理想趨勢演變模式	第一階段	常常表現為橫向趨勢	持有原倉位，擇機平倉
		第二階段	有時為橫向趨勢，有時為與總趨勢方向稍微相反的橫向趨勢	根據總體趨勢方向，耐心地逢高賣出或逢低買進
		第三階段	快速拉升的上升趨勢，或是急劇下跌的下降趨勢	根據總體趨勢方向，積極做多或做空
	趨勢定義	上升趨勢	上升趨勢的第二階段相對於第一階段，總體上呈現為上升態勢，但是第二階段本身可能並未呈現顯著的上升趨勢	多頭，耐心逢低買進、逐步累積
			上升趨勢的第三階段，表現為激烈的上漲	多頭，積極買進
		橫向趨勢	常見於上升趨勢和下降趨勢的第一階段	持有原倉位，擇機平倉
			常見於上升趨勢和下降趨勢的第二階段	根據總體趨勢方向，耐心地逢高賣出或逢低買進
		下降趨勢	下降趨勢的第二階段相對於第一階段，總體上呈現為下降態勢，但是第二階段本身可能並未呈現顯著的下降趨勢	空頭，耐心逢高賣出、逐步累積
			下降趨勢的第三階段，表現為激烈的下跌	空頭，積極做空

圖1-2 橡膠指數日線圖（2017年12月1日～2018年8月3日）

⬆ 本圖是倒水實驗的行情演繹版。圖中由左至右用線段畫出4個盤整過程，就像匯聚的水團；4個盤整過程之間是3次快速行情變化，就像水團邊界突破後的水流。市場行情就是橫向盤整與快速漲跌的交替。

邊界、形成水流的順序交替進行，最終在地上留下彎彎曲曲的水跡（見圖1-2）。

在這個過程中，一方面，地面有一定的坡度，但是不明顯，因此很難事先預測水流的具體路徑；另一方面，水流的路線受到地心引力影響，水絕對不會向上倒流。

既然水受制於地心引力，又沒有既定方向，於是水流得過就流，流不過就匯聚。透過匯聚、突破、流動的交替，最終在地面試探出最合理的路徑。

市場猶如坡度不明顯的地面。坡度代表趨勢的驅動因素，水流路徑相當

於市場演變的過程。由此我們得到一些關於市場演變的啟示。

第一，行情演變的基本模式是盤整與突破交替進行，或者說價格密集區（區塊）與價格快速漲跌（線條）交替出現。

第二，市場並無預設的方向和目標，趨勢路徑是一連串價格試探的結果。水流軌跡受制於地心引力，我們無法事前確切預測水將如何流動，只能從水的突破來把握其動向；也就是說，只能透過市場的不斷嘗試來揭曉趨勢走向。投資者不能將「事後可以合理解釋」與「當時知曉並即刻理解」混為一談。

第三，坡度越明顯，水流過程中快速流動的比例越多，路線方向越清晰。換言之，趨勢背後的驅動因素越強烈，行情演變過程中快速漲跌的比例越多，趨勢方向越明顯。

市場最基本的運作方式，是在不間斷地嘗試漲、跌之中發現價格。具體來說，市場嘗試的過程可以從正反兩面來理解。行情上漲時，試探過程是：

◆試得上去，上；
◆試不下去，也上（見 20 頁圖 1-3）；

行情下跌時，試探過程是：

◆試得下去，下；
◆試不上去，也下。

市場就像一部靈敏的天平，必須能自由搖擺，才能準確稱量。投資者要培養自身能力，學會從天平的搖擺過程中準確稱量，而且要讓自己的心態歸零，時常清空成見，完全依據行情事實來判定市場狀態。

市場不停嘗試，是為了找到正確的路徑，而不是隨機游走。不能把天平自由搖擺的工作方式，與天平稱量的準確性混為一談，誤以為天平的度量結果也是隨機的。事實上，趨勢是市場規律運作之下的客觀必然，追蹤趨勢只需要認準事實，並對照事實判斷市場狀態，不必帶有主觀的看法。

本章接下來要介紹趨勢線，它是一種趨勢分析工具，功能是分析、判斷

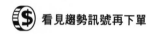

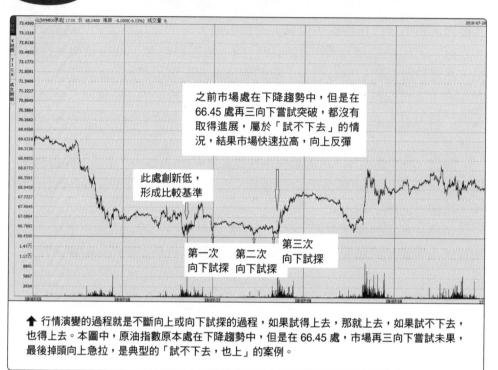

圖1-3 美原油指數分時圖（2018年7月15日～7月19日，5個交易日）

之前市場處在下降趨勢中，但是在66.45 處再三向下嘗試突破，都沒有取得進展，屬於「試不下去」的情況，結果市場快速拉高，向上反彈

此處創新低，形成比較基準

第一次 向下試探　第二次 向下試探　第三次 向下試探

↑ 行情演變的過程就是不斷向上或向下試探的過程，如果試得上去，那就上去，如果試不下去，也得上去。本圖中，原油指數原本處在下降趨勢中，但是在 66.45 處，市場再三向下嘗試未果，最後掉頭向上急拉，是典型的「試不下去，也上」的案例。

及追蹤趨勢，而不是限定和預測趨勢，這一點決定了我們使用分析工具的態度、方法及適用界限。

1-2 運用趨勢線和3種延伸工具，讓投資標的走勢無所遁形

回顧趨勢分析工具

在追蹤行情時，趨勢分析工具能標明市場狀態的邊界，幫助投資者在第一時間察覺市場趨勢的潛在變化。這些工具包括價格水平（線）、百分比回調線、價格跳空、趨勢線等，是識別市場趨勢的有力輔助。以下簡單介紹前三項，至於詳細說明，請見拙作《史上最強趨勢投資》第三章。

首先，追蹤行情最基本的方法是趨勢定義，就是用行情軌跡上具有代表性的明顯高低點，作為比較基準來考察後市行情。如果後市的行情比基準更高、更低或維持在基準之內，就分別構成上升、下降或橫向趨勢。技術分析將這些比較基準稱為價格水平，並由此拉出水平的直線，稱為價格水平線（見圖 1-4）。

圖1-4　上升趨勢與橫向趨勢的價格水平線示意圖

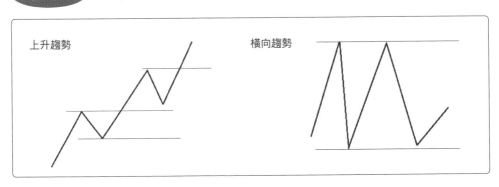

上升趨勢　　　　　　　　　橫向趨勢

圖1-5 百分比回調水平示意圖

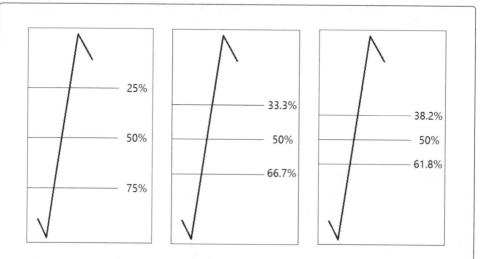

↑ 本圖以急速上漲行情為例,一旦行情開始回落,技術分析能運用百分比回調線,預估行情回落中可能出現的價格水平。左圖為按照四等分法計算的百分比回調線。中圖為按照三等分法計算的百分比回調線,也把 50% 加上。右圖為按照黃金分割法計算的百分比回調線,並加上 50% 的價格水平。

除了作為判斷市場方向的比較基準,價格水平線也對後市行情發揮支撐作用和壓力作用。

若行情位於價格水平線下方,每當回升到價格水平線附近,往往會受到壓力作用而向下折返。若行情位於價格水平線上方,每當回落到價格水平線附近,往往會受到支撐作用而向上折返。

然而,如果市場連續上漲(或連續下跌),途中沒有留下代表性的明顯高低點,一旦市場停止上漲(或下跌)並開始回落(或回升),此時該如何評估行情回落(或回升)的力度呢?或者說,該如何預估代表性高低點(即價格水平)的位置呢?我們可以運用百分比回調工具,預估未來行情演變可能形成的價格水平。

以市場連續下跌為例,將行情的起點到終點劃分為四等份,每一份占整體下跌行情的 25%,然後在 25%、50%、75% 的 3 個位置上,分別用水平直

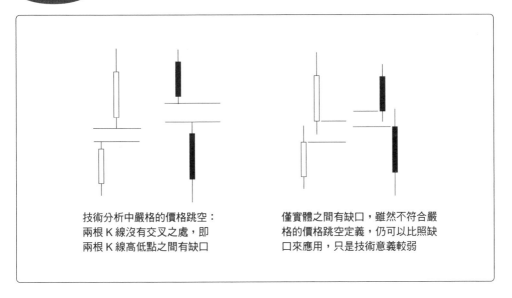

圖1-6　價格跳空示意圖

技術分析中嚴格的價格跳空：
兩根 K 線沒有交叉之處，即
兩根 K 線高低點之間有缺口

僅實體之間有缺口，雖然不符合嚴
格的價格跳空定義，仍可以比照缺
口來應用，只是技術意義較弱

線來標示，就是百分比回調線。

　　換句話說，25% 指的是行情劇烈下跌後，回升幅度達到其跌幅 25% 的
位置。50% 指的是回升幅度達到其跌幅 50% 的位置，也就是回升一半。75%
指的是回升幅度達到其跌幅 75% 的位置。顯然，回調的百分比越小，則市
場回升的力度越小；回調的百分比越大，則市場回升的力度越大，越有能力
捲土重來。

　　在運用百分比回調線時，通常的做法是，先把百分比回調線畫出來，然
後隨著行情演變，在出現代表性的高低點之後，盡可能調整回調線以接近高
低點，並不在意回調線的比例是否精確。

　　因此，百分比回調線有好幾種設定方式。 25%、 50%、 75% 是常用的
一組， 33.3%、 50%、66.7% 也很常用。有人偏好黃金分割法，即 38.2%、
50%、 61.8%（見圖 1-5）；或是將四分法拓展到八分法，即 12.5%、 25%、
37.5%、 50%、 62.5%、 75%、 87.5%。

　　事實上，價格水平不一定是一條線，也可以是一個窄小的區間，像是行
情發生價格跳空（見圖 1-6）時，跳空缺口的上下邊界就相當於兩條價格水

圖1-7a 歐元兌美元週線圖（2016年8月5日～2018年9月3日）

↑ 本圖的上升過程從 1.0340 點延續到 1.2555 點，下降過程從 1.2555 點到 1.1299 點，但是上升過程和下降過程之間的邊界不清晰。

平線，也可視為一個價格水平區域。

嚴格地說，價格跳空是指，前後兩根 K 線之間沒有任何重疊，即兩根 K 線的極端點（高低點）之間有明顯差距，兩個時間單位內的行情沒有任何重疊，表明兩根 K 線的價格演變不連續。

如果前後兩根 K 線的影線重疊，僅實體之間有差距，則不符合嚴格意義上的價格跳空，但是仍可以提供類似的技術線索，只是技術意義比較弱。

趨勢線的繪製和基本用法

前文提及的 3 個分析工具基本上都是水平直線，如果市場處在趨勢狀態

圖1-7b 歐元兌美元週線圖（2016 年 8 月 5 日～2018 年 9 月 3 日）

⬆ 本圖與圖 1-7a 相同，但是添加了上升趨勢線和下降趨勢線。上升趨勢線描繪出上升趨勢的邊界，下降趨勢線描繪出下降趨勢的邊界，兩條線讓漲跌過程更加清晰，尤其是行情由漲轉跌的轉折點。

下，行情軌跡沿著向上傾斜或向下傾斜的坡度演變，水平直線就不能有效跟隨行情變化。此時，趨勢線便有了用武之地。

在圖 1-7a 中，可以觀察到一段明顯的上升過程，從低點 1.0340 延續到高點 1.2555，以及右側有一段下降過程，從高點 1.2555 延續到低點 1.1299。單憑圖形來看，上升過程和下降過程的分界並不清楚，無法直接看出上升過程在何時、何處轉向為下降過程。

為解決這一問題，我們在圖 1-7b 為上升過程添加一條上升趨勢線，讓投資者更清晰地看出趨勢變化，也為下降過程添加一條下降趨勢線。更重要的是，在本圖中，上升趨勢線是市場上升狀態的邊界線，當它被向下跌破時，

圖1-7c 歐元兌美元週線圖（2016年8月5日～2018年9月3日）

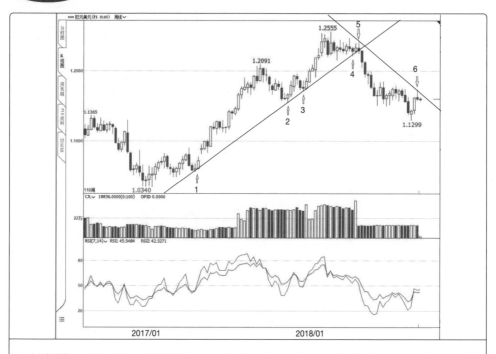

⬆ 連接點1和點2繪製上升趨勢線，在點3驗證成功，表明該上升趨勢線具備支撐作用。在點4，該趨勢線再次發揮支撐作用，但到了之後的第三個交易週，市場向下突破上升趨勢線，同時向下突破頭部三角形形態，標誌著上升趨勢轉化為下降趨勢。透過點5和點6可以繪製下降趨勢線，該趨勢線的作用還有待驗證。

標示上升趨勢結束，行情轉為下降趨勢。透過這條上升趨勢線，我們能清楚看出趨勢變化的時間和位置。

從一個代表性高點或低點出發，可以畫出價格水平線。同理，我們可以從兩個代表性高點或低點，來繪製趨勢線。

先看一個例子。在圖1-7c中，我們連接點1和點2兩個代表性低點，畫出一條上升趨勢線。點1其實不是一個點，而是連續兩週的低點碰巧都落在這條趨勢線上。更巧的是，在點2之後的第五週和第六週，也就是點3，同樣是連續兩週的低點都落在線上。點3證明這條上升趨勢線具有支撐作

用，後來點 4 也有連續兩週低點都得到該線的支撐。

在點 4 之後的第三週，市場明顯向下突破這條上升趨勢線，同時向下突破維持 14 週之久的橫向趨勢下邊界。結合這兩方面，清楚可見上升趨勢正是在這一週的這個位置，轉向為下降趨勢。

點 5 和 6 是下降過程中的兩個代表性高點，連接兩點能畫出一條下降趨勢線。該線能不能在未來發揮壓力作用，還需要第三個點做驗證。

從上述例子中，我們得出一些趨勢線的基本用法。首先，在上升趨勢中，可以從兩個代表性低點繪製上升趨勢線。當市場再次接近這條上升趨勢線，如果得到支撐，則該趨勢線得到驗證，說明未來很可能繼續發揮支撐作用。

同理，在下降趨勢中，可以從兩個代表性高點繪製下降趨勢線，當市場再次接近這條下降趨勢線，如果受到壓力，則該趨勢線得到驗證，說明未來很可能繼續發揮壓力作用。

其次，上升趨勢線一般會涵蓋上升過程的所有行情軌跡，下降趨勢線會涵蓋下降過程的所有行情軌跡。因此，趨勢線可以作為市場趨勢的邊界線。當市場行情超越這些邊界線時，投資者能夠在第一時間得到趨勢變化的警告訊號。

最後，趨勢線既是行情演變軌跡的邊界線，也是行情上升或下降速度的標示線。當趨勢線被突破，就標示當前趨勢的軌跡已經越過平衡點，趨勢演變的速度即將改變。此時，投資者可以結合其他有效技術訊號，進一步判斷趨勢方向的轉變。

上升趨勢線和下降趨勢線在刻畫趨勢上相當簡明，是簡單好用的基本技術分析工具。

圖 1-8〜圖 1-11（見 28 至 29 頁）分別從外匯、大宗商品、股市、債券等四大類市場中挑選實例，展示趨勢線的繪製方法，以及支撐或壓力作用。為了讓讀者留下深刻印象，本書特意選擇簡明的超長期 K 線圖，來突出市場趨勢持久而深刻的影響力。

實際上，不論長期或短期，趨勢線的繪製方法和基本用法都一樣。為此我們在最後補充一張日線圖，即圖 1-12（見 30 頁）。

圖1-8 歐元兌美元月線圖（2007年1月～2018年9月4日）

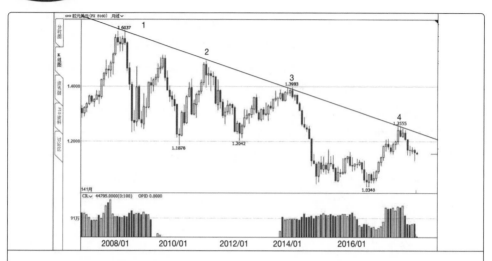

↑ 連接點1和點2繪製下降趨勢線，點3驗證該線的壓力作用，爾後市場在點4受到壓力作用，
掉頭向下。請注意，這條下降趨勢線維持長達10年以上，圖1-8系列只是本圖最右側的局部。

圖1-9 CRB指數月線圖（2006年12月～2018年9月4日）

↑ 連接點1和點2繪製下降趨勢線，點3驗證該線的壓力作用。這條趨勢線延續超過10年。

圖1-10 印 SENSEX 指數月線圖（2007年1月～2018年9月4日）

➡ 圖中的上升趨勢線延續 10 年。連接點 1 和點 2 繪製上升趨勢線，點 3 驗證該線的支撐作用。從點 4 開始，行情距離上升趨勢線越來越遠，顯示市場加速上升。

圖1-11 美國長期國債月線圖（2007年1月～2018年9月4日）

➡ 圖中的上升趨勢線維持超過 10 年，2016 年下半年以後，美聯儲開始逐步加息。連接點 1 和點 2 繪製上升趨勢線，點 3 驗證該線的支撐作用。一個月後的點 4 受到該線支撐，將近 3 年之後，點 5 再次得到支撐。從點 5 開始，上升趨勢開始加速，逐步遠離上升趨勢線，但在經過 50 多個月後，點 6 再度回歸到該趨勢線上，並在其後的接連 5 個月都得到支撐。

圖1-12 納斯達克指數日線圖（2018年2月12日～8月31日）

⬆ 透過點1、點2和點3繪製上升趨勢線，在點4、點5兩處，市場明顯受到該線的支撐作用。
從點5開始，上升趨勢加速，逐步遠離該趨勢線。

趨勢線的有效性和調整

　　兩個點就能畫出一條直線，如此一來，可以繪製的趨勢線實在太多了。
不僅如此，即使畫好一條直線，隨著行情發展會出現新的代表性高點低點，
又可能需要畫出新的直線。那麼，什麼樣的直線才是有效的趨勢線呢？這裡
提出兩項判斷原則。

　　◆**原則一**：有效的趨勢線應盡可能涵蓋趨勢中的所有行情軌跡。
　　◆**原則二**：透過前兩個點嘗試繪製趨勢線，再用第三個點驗證其作用。
若未能得到驗證，則需要調整趨勢線（見圖1-13a、32頁圖1-13b）。

圖1-13a　趨勢線的調整

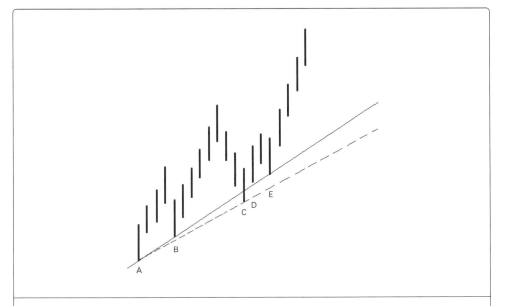

↑ 在上升趨勢中，連接點 A 和點 B 繪製出直線 AB（實線）。當行情發展到點 C，並未驗證直線 AB 的作用，即直線 AB 沒有涵蓋點 C 的行情軌跡。此時，我們要透過點 A 和點 C 繪製新的直線 AC（虛線），之後在點 D 獲得驗證，因此以直線 AB 作為有效的上升趨勢線，同時保留虛線 AC，以待觀察。

　　如果趨勢線未能涵蓋行情軌跡上的某一個極端點，但後來有得到第三點驗證，這樣的趨勢線也可以接受（見圖 1-13a）。如果市場不是 24 小時連續交易，其開盤價和收盤價都特別重要，那麼在 K 線圖上，有時候可以忽略 K 線的影線，只考慮實體。

　　圖 1-13b 和圖 1-8 是同一段行情，這裡凸顯圖中的下降趨勢線，其實是經過三番兩次調整才獲得的結果。

　　順帶一提，本書中許多趨勢線圖例都是經過挑選，或是經過嘗試和調整，才得出最終結果。絕大多數技術分析工具和訊號，都帶有「大致的、差不多」的性質，因為技術分析是根據統計資料判斷趨勢，操作分析工具的方式當然不是一蹴可及。

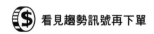
1-13b 歐元兌美元月線圖（2007年1月～2018年9月4日）

⬆ 圖上有5個顯著的高點，從高到低、由左至右依次為A、B、C、D、E。從點A出發，行情首先發展到點B，我們連接這兩個點畫出直線AB。在點C，行情未能驗證該線的作用，即直線AB沒有涵蓋點C的行情軌跡。我們需要調整趨勢線，於是連接點A和點C畫出直線AC。

行情繼續發展到點D，直線AC勉強被驗證，但點D的行情軌跡已經超出直線AC的範圍，需要再次調整，於是連接點A和點D繪製直線AD。經過許多個月後，行情發展到點E，這一次直線AD的壓力作用獲得驗證。透過上述的嘗試、調整、驗證過程，我們終於得出圖1-8的趨勢線實例。

趨勢線的支撐作用和壓力作用

趨勢線的作用類似於價格水平線，當行情處在趨勢線上方，該線發揮支撐作用；當行情處在趨勢線下方，該線發揮壓力作用。

這是因為市場傾向維持現狀，（當市場處在趨勢線的某一側，該側便是現狀），再加上趨勢線是市場趨勢狀態的邊界線，因此較常見的現象是市場從趨勢線折返，並保持在原來的一側。

儘管如此，趨勢線終究會被突破。

當行情由上而下穿越趨勢線，原本發揮支撐作用的趨勢線，將改成發揮壓力作用。當行情由下而上穿越趨勢線，原發揮壓力作用的趨勢線，將改成發揮支撐作用。

這也是因為市場傾向維持現狀。當趨勢線被突破，市場狀態發生改變，並成為新的常態，於是趨勢線的作用也發生 180 度大轉變。

在圖 1-14（見 34 頁）中，黃金行情處在上升趨勢線的上方。由於市場傾向維持現狀，每當價格回落到上升趨勢線附近，都會受到支撐作用，引發行情回升。2012 年 5 月市場跌破上升趨勢線，轉而進入橫盤狀態，市場傾向維持這種新的狀態。2012 年 9 月，當價格從下方回升到趨勢線附近，便受到壓力作用而停止上升，並引發下跌。

越長期、斜率越小的趨勢線越重要

當趨勢線持續的時間越長，就越重要，因為越長期的趨勢線代表趨勢越長久。此外，當趨勢線的斜率越小、越接近價格水平線，也越重要。

趨勢線的斜率大體上代表趨勢演變的速度，斜率越大，趨勢上升或下降的速度越快，而反之則越慢。當斜率較大的趨勢線被突破，一般只代表趨勢速度改變，而非趨勢方向逆轉。當斜率小的趨勢線被突破，行情往往創出新高或新低，很可能代表趨勢方向逆轉。

由此可見，斜率越小的趨勢線越重要，被突破時的技術訊號也越強。舉例來說，下一章介紹的價格形態，其頸線往往具有斜率小的特點，因此當頸線被突破時，構成價格形態成立的決定性因素。

圖1-14　　倫敦金月線圖（2002年8月～2014年4月）

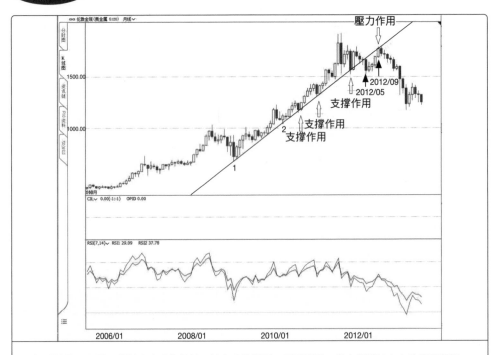

⬆ 連接點1和點2繪製出上升趨勢線，並在之後得到一系列驗證。當市場維持在上升趨勢狀態，該趨勢線會發揮支撐作用；當行情向下突破，該線會改為發揮壓力作用。

　　在圖1-15中，趨勢線L1貼近上升趨勢的主要軌跡，斜率最大，當它被向下突破，很可能是因為市場的上漲速度變慢，而不是上升趨勢被逆轉（本例的特別之處，是在L1被向下突破前，行情形成雙重頂反轉形態，而L1被向下突破後，行情走勢馬上向下突破雙重頂的頸線）。

　　後來，我們又畫出上升趨勢線L2，它的斜率較小，但是市場未能維持在L2之上，而是向下突破L2後稍微反彈，又接連向下突破上升趨勢線L3。由於L3的斜率很小，幾乎呈現水平，因此最重要。當L3被向下突破，行情同時創下新低，滿足下降趨勢的定義，決定性地表明上升趨勢逆轉為下降趨勢。

圖1-15　KOSPI 200 日線圖（2016年10月31日～2018年9月13日）

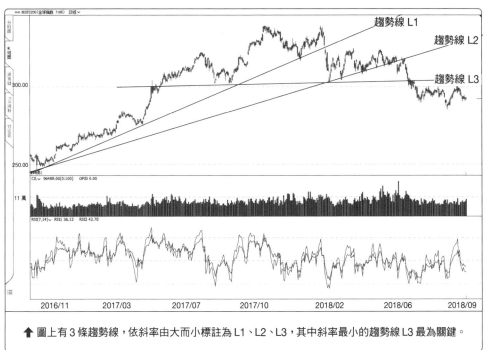

↑ 圖上有 3 條趨勢線，依斜率由大而小標註為 L1、L2、L3，其中斜率最小的趨勢線 L3 最為關鍵。

　　圖 1-16（見 36 頁）有兩條趨勢線，其中的下降趨勢線已經在圖 1-8、圖 1-13 做過分析。下方的上升趨勢線持續時間更長，它的起點比下降趨勢線的起點早了 4 至 5 年之久。從這兩條趨勢線來看，它們之間的市場狀態屬於逐漸收窄的三角形橫向盤整，其高點逐步下降，且下降的速度較快，其低點逐步抬高，且抬高的速度較慢。

　　由於期間越長、斜率越小的趨勢線越重要，因此在本圖中，下方的上升趨勢線更加關鍵。其重要性表現在兩方面：一方面，原本市場的形勢並不明朗，但是當市場向下跌破該趨勢線，就明顯轉為下降趨勢狀態；另一方面，點 D 的回升行情明顯遭到該趨勢線的壓力作用而回落，而且此處距離上方的下降趨勢線還有一段距離。

圖1-16 歐元兌美元月線圖（2003年11月～2018年9月13日）

↑ 圖中有兩條趨勢線，下方的上升趨勢線是透過點A和點B繪製而成，並且在點C得到驗證，這條線更長期、斜率更小，因此更具關鍵性。

趨勢加速

　　趨勢在演變過程中往往會加速，遠離原本的趨勢線，而不是一直貼在趨勢線上。在一波加速後，如果新增的速度不能持久，行情會再次回到趨勢線上，受到趨勢線的支撐作用或壓力作用，使原趨勢維持不變。於是，總體上趨勢維持原來的速度不變，但是在演變過程中，行情的遠離與回歸交替前行，形成一波又一波的漲跌節奏。

　　在圖1-17中，連接點A和點B繪製出上升趨勢線L1，並在點D驗證其有效性。在點D、E、F，行情多次受到L1的支撐作用，趨勢在總體上維持L1所示的上漲速度。在這個過程中，行情並非總是貼著L1上升，而是遠離與回歸交替循環。

圖1-17　　**納斯達克指數日線圖**（2018年2月27日～2018年9月14日）

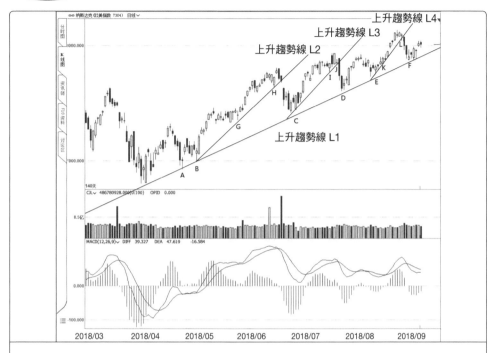

⬆ 行情遠離趨勢線，再回歸趨勢線，形成一波又一波的漲跌節奏。L2、L3、L4 以及隨後的變化似乎越來越複雜，力度也有減緩的跡象。

　　連接點 B 和點 G 繪製出上升趨勢線 L2，並在點 H 得到驗證。連接點 C 和點 I 畫出 L3，在點 J 得到驗證。連接點 E 和點 K 畫出 L4，在點 L 得到驗證。L2、L3、L4 都是短期上升趨勢線，速度顯著快於 L1，它們描述行情先遠離再回歸 L1 的情況：每次上漲的速度都比回落慢一點，但是持續時間較長，因此上漲的幅度也比下跌大一些。這正是上升趨勢的典型特徵。

　　另一種情況是在一波加速後，新的速度得到市場認可，趨勢演變彷彿駛入快車道。如果趨勢持續的時間夠長，有可能發生不止一次加速，因此可以畫出一系列斜率逐漸增加的趨勢線。

　　趨勢具有自我加強的的特性，表現在行情上就是趨勢加速，使得股市行

圖1-18 印SENSEX指數月線圖（2002年6月～2018年9月14日）

↑ 點 A 為 2003 年 4 月，從本圖看來，印度股市已經持續上漲 15 年。上升趨勢線 L1、L2、L3
被依次畫出，斜率依次增大，表示趨勢逐步加強。

情越來越牛。

在圖 1-18 中，最初的上升趨勢線 L1 經過點 A、B、C，它的斜率最小；
第二條上升趨勢線 L2 經過點 C、D、E，它從點 B 出發，斜率高於 L1，代
表上升趨勢加速；第三條上升趨勢線 L3 經過點 E、F、G，斜率高於 L2，代
表上升趨勢再次加速。

L1、L2、L3 被依次畫出，其斜率依次增大，標示出趨勢力度的逐步增
強。這個過程的時間跨度超過 15 年之久，令人印象深刻。

趨勢自我加強的特點不僅表現在上升趨勢，也表現在下降趨勢中（見圖
1-19），使得股市行情越來越熱。

圖1-19　深證成指日線圖（2018年1月10日～2018年9月7日）

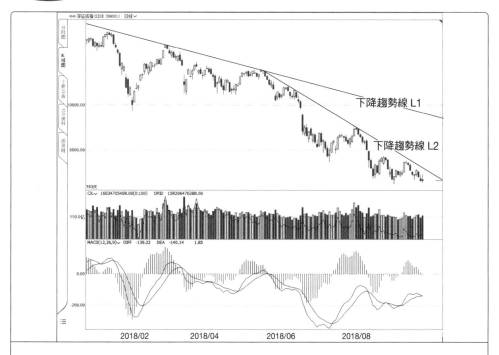

➡ 本圖行情處在加速的下降趨勢中。上方的下降趨勢線 L1 斜率較小，右下方的下降趨勢線 L2 斜率較大，從 L1 到 L2 可以清晰看出趨勢加速的過程。

趨勢減速與扇形原理

　　趨勢線標示出趨勢演變的速度，在趨勢方向不改變的前提下，趨勢演變速度傾向於逐步增加。

　　然而，在趨勢演變過程中也會出現橫向盤整，而且可能要經歷相當長的時間才能得到突破。從原趨勢的代表性高點或低點出發，連接橫盤區間的顯著高點或低點，可以繪製出幾條趨勢線。一般來說，這些趨勢線的斜率會逐步放緩。

　　橫向盤整沒有方向性，之後市場既可能上漲，也可能下跌，但延續原趨勢的可能性更大。因此，上述一系列趨勢線的斜率逐步放緩，基本上只是行

圖1-20a 上證50日線圖（2018年1月17日～2018年9月14日）

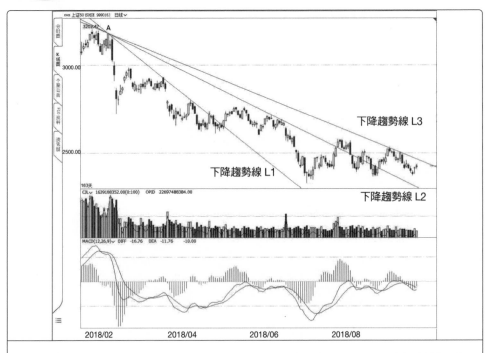

↑ 從原趨勢的代表性高點 A 出發，可以依序繪製 3 條下降趨勢線 L1、L2、L3，它們的斜率逐漸下降，表示原趨勢減速。但是，由於斜率變化的主因是趨勢進入橫向盤整，所以暫時不足以構成趨勢逆轉的前兆。

情演變速度的變化，不能據此判斷趨勢方向即將改變。

在圖 1-20a 的下降趨勢過程中，出現幾次明顯的橫向盤整。起初，我們從原趨勢的代表性高點 A 出發，貼近行情繪製出下降趨勢線 L1，之後行情進入第一輪橫向盤整，並在向右延伸的過程中突破 L1。

當市場向下突破後，我們一樣從點 A 出發，連接階段高點繪製出下降趨勢線 L2。之後，行情進入第二輪橫向盤整，也在向右延伸的過程中突破 L2。雖然第二輪橫盤尚未得到突破，但我們嘗試從點 A 出發，連接過程中的顯著高點，繪製出下降趨勢線 L3。

L1、L2、L3 的斜率依次下降，而趨勢線斜率變化的主因是原趨勢進入

圖1-20b　**上證50日線圖**（2017年12月27日～2018年9月18日）

⬆ 本圖最右側的橫向盤整形成一個三角形形態，其上下邊界線的斜率遠低於圖 1-20a 的幾條趨勢線，因此重要性明顯更高。可以用三角形的上下邊界線判斷未來趨勢方向，如果被向上突破，則趨勢反轉向上，如果被向下突破，則原來的下降趨勢延續。

橫向盤整，因此不能將其視為趨勢反轉的前兆，只能看作趨勢演變的速度調整。

　　在這種情況下，該如何判斷趨勢變化呢？由於橫向盤整通常會形成一定的價格形態，我們可以利用價格形態的邊界線（特別是頸線）來做判斷。

　　圖 1-20b 和圖 1-20a 大致相同，圖的最右側形成一個三角形形態。這個三角形上下邊界線的斜率小於圖 1-20a 的 3 條趨勢線，重要性明顯更高。若市場向上突破三角形的上邊界線，則趨勢方向反轉向上；若市場向下突破，則延續原來的下降趨勢。

　　另一種情況就完全不同，造就新趨勢線的主因，不是原趨勢進入橫向盤整，而是反方向的趨勢性變化。此時很可能是趨勢逆轉，而非速度調整。

圖1-21a　上證指數日線圖（2015年1月19日～2015年9月16日）

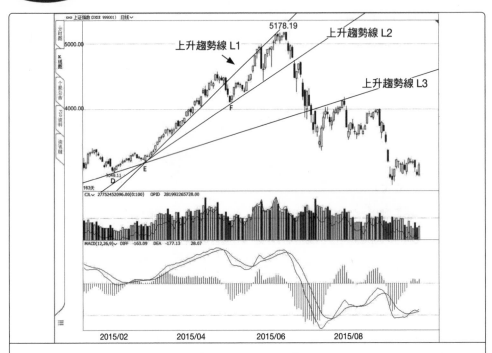

↑ 上升趨勢線 L1、L2、L3 的斜率依次降低。後兩條上升趨勢線被突破時出現反方向（向下）的趨勢變化，形成扇形原理的趨勢反轉訊號。

　　在圖 1-21a 和圖 1-21b 中，行情從 2014 年 7 月 22 日的 2050 點，上升到 2015 年 6 月 12 日的 5178 點，形成一輪快速拉升的牛市行情。圖 1-21a 的點 E 是上升趨勢的歷史低點，從該點出發緊貼著上升趨勢的軌跡，可以畫出第一條上升趨勢線 L1。L1 的斜率較大，在它被向下突破後，上升趨勢很快便恢復，但是 L1 從支撐作用轉變為壓力作用。

　　同樣從點 E 出發，連接點 F 可以畫出第二條上升趨勢線 L2。L2 被向下突破時，行情沒有進入橫向盤整，而是表現出明確的反向（下降）趨勢變化，並且這個突破是以向下跳空的形式發生，加重向下突破的技術意義。

　　之後，連接點 D 和點 E，可以畫出第三條上升趨勢線 L3。L3 被向下突破時，行情沒有進入橫向盤整，而是繼續呈現反向（下降）趨勢變化。在後

圖1-21b　上證指數週線圖（2014年4月25日～2016年5月27日）

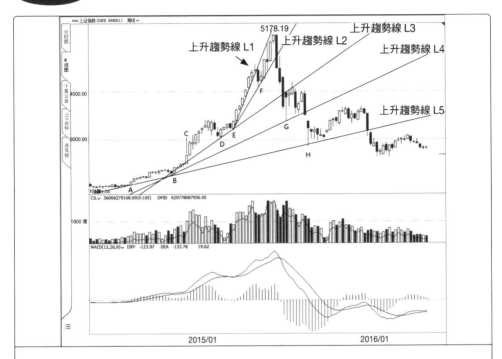

➡ 從週線圖上來看，圖 1-21a 的 L3 其實可以從更早的代表性低點出發（即點 B），它的斜率更小、持續時間更長，因此當它被向下突破時，標示上升趨勢逆轉為下降趨勢。上升趨勢 L3、L4、L5 也都通過點 B，3 條線形成更長期的扇形原理。遺憾的是，當 L5 被向下突破時，距離最高點 5178 已經下跌 2000 餘點。

來的回升過程中，L3 發揮明顯的壓力作用。

　　行情接連 3 次向下突破上升趨勢線，並出現反向趨勢變化，於是構成趨勢反轉訊號。換言之，當第三根上升趨勢線 L3 被向下突破時，上升趨勢逆轉為下降趨勢。

　　這就是扇形原理：當連續 3 根趨勢線被突破，且突破過程包括反方向的趨勢變化，就構成趨勢反轉訊號，表明趨勢很可能終結，逆轉為反向趨勢。

　　事實上，上升趨勢線 L3 不僅是根據點 D 和點 E 繪製，還具備更長期的行情依據。圖 1-21a 是日線圖，圖 1-21b 是週線圖，後者包括日線圖的全部

行情，時間範圍更廣。我們在週線圖 1-21b 中，再次畫出圖 1-21a 的 3 條上升趨勢線 L1、L2、L3，並標示相關的代表性低點。

圖 1-21b 顯示，上升趨勢線 L3 可以向前拓展 15 週之久。相較於 L1 和 L2，L3 不僅斜率更小，而且持續時間更長，當然更加重要。因此，當 L3 被行情向下突破時，等於宣告原有上升趨勢終結，以及下降趨勢開始。此時距離最高點 5178 已經下跌 1000 多點，由此可見，單憑扇形原理來判斷趨勢逆轉，要付出的代價會比較大。

在週線圖上，行情在 2015 年的最高點 5178 發生 V 形反轉。可惜的是，V 形反轉總是突如其來，往往要等行情下跌到相當程度，才能獲得有效的技術訊號（例如：高點之後出現向下跳空，憑此斷定趨勢逆轉，似乎證據單薄）。所以，儘管扇形原理的代價昂貴，仍不失為上升趨勢逆轉的決定性線索。

在圖 1-21b，我們連接點 B 和點 G，繪製出上升趨勢線 L4，其斜率進一步降低。在它被向下突破時，行情出現大幅度向下跳空，既驗證 L4 的有效性，又凸顯市場向下突破時的強烈反應。

再者，連接更早期的低點 A 和 B，繪製出上升趨勢線 L5，之後在點 H 得到驗證。L5 的持續時間更長、斜率更小，當它被向下突破時，表明一輪急速的趨勢變化正在發生。

從外觀來看，週線圖中的 L3、L4、L5 都通過點 B，組成更長期的扇形原理。遺憾的是，當 L5 被向下突破時，下降趨勢的跌幅已經達到 2000 點以上，此時行動實在為時已晚。

綜合上面所述，如果出現接連 3 條趨勢線被突破的情形，需要進一步分辨，導致突破的主因是橫向行情，或是反向的趨勢變化。

若是橫向行情，往往會形成一定的價格形態，而且價格形態的邊界線（或頸線）斜率較低，當頸線被突破時，才標示價格形態完成。所以，我們應該以價格形態完成作為主要的技術訊號，接連被突破的 3 條趨勢線只顯示原趨勢的速度調整，並不代表趨勢反轉。

若是反向的趨勢變化，第三條趨勢線最關鍵，當它被突破時，很可能表明原趨勢已經逆轉。由於這個過程包含反向趨勢變化，根據扇形原理捕捉技術訊號時，需要付出的代價比較高。

圖1-22　倫敦銀日線圖（2018年4月23日～2018年9月18日）

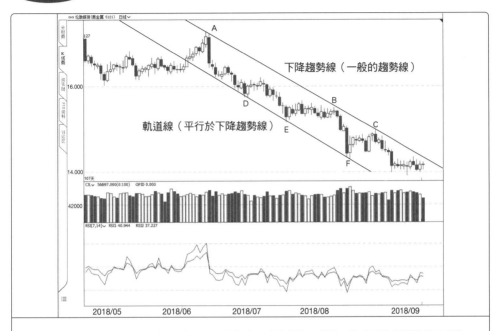

↑ 在下降趨勢中，連接代表性高點 A 和 B 繪製出下降趨勢線；從點 D 拉出下降趨勢線的平行線，即所謂的軌道線。在點 F，軌道線發揮良好的支撐作用。

趨勢線延伸工具 1：軌道線

　　最常用且最基本的趨勢線，是在上升趨勢中，在行情下方繪製上升趨勢線；在下降趨勢中，在行情上方繪製下降趨勢線。接下來，我們要拓展趨勢線的繪製方法和用法，不局限在行情軌跡的某一側，而是同時從兩側著手分析。

　　首先認識「軌道線」。

　　如圖 1-22 所示，在下降趨勢中，連接點 A 和點 B 繪製出下降趨勢線，並在點 C 得到驗證。接著，我們可以在行情軌跡的下方，從低點 D 拉出一條平行線，這是下降趨勢的軌道線。下降趨勢線與軌道線圍成一條平行通道，如同一根水管，行情像活水一樣從通道中流過。

圖1-23　亞馬遜日線圖（2018年2月8日～2018年9月18日）

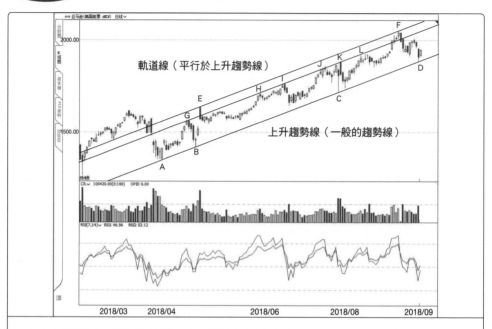

↑ 在上升趨勢中，連接歷史低點A和B繪製出上升趨勢線，之後在點C得到驗證，在點D發揮支撐作用；從歷史高點G平行拉出一條軌道線。歷史高點E向上突破這條軌道線，於是再從點E拉出第二根軌道線，我們可以暫且同時保留兩條線。在高點H、I、J、K、L等處，第一根軌道線發揮良好的壓力作用。在高點F處，第二根軌道線也發揮壓力作用。

　　圖1-23是上升趨勢，連接歷史低點A和B繪製出上升趨勢線，再從行情軌跡上方的歷史高點G拉出一條平行線，作為上升趨勢的第一根軌道線。後來新的高點E向上突破該線，於是我們從點E拉出第二根軌道線，並同時保留兩根軌道線，用來觀察以後的效果。結果，第一根軌道線在後來的高點H、I、J、K、L等處，都發揮良好的壓力作用，第二根軌道線最終在高點F發揮壓力作用。

　　綜合上面所述，軌道線涵蓋的趨勢行情，往往會填滿平行通道，因此可以做出如下分析。

　　第一，當市場走勢從通道的一側偏向另一側，可以合理預期行情有機會

圖1-24　美元指數分時圖（2018年9月5日～2018年9月19日）

↑ 在下降趨勢中，連接歷史高點 A 和 B 畫出下降趨勢線，再從歷史低點 D 平行拉出下降趨勢的軌道線，後者在點 E 和 F 發揮有效的支撐作用。在箭頭所指的地方，行情不能到達通道的下邊界，往往表示行情可能會試探通道的上邊界。另外，箭頭所指的地方也可以構成價格水平線。

到達通道的另一側。

　　第二，當市場到達通道的某一側，可以合理預期趨勢線或軌道線將發揮支撐作用或壓力作用。

　　第三，如果市場從上升趨勢線向上折返，卻無力到達上方的軌道線，可能表示上升趨勢的力度有所減弱。如果市場到達上方的軌道線，突破軌道線並繼續上漲，可能表示上升趨勢的力度正在加強。在下降趨勢中，方向相反，道理相同。

　　需要補充的是，在一般情況下，趨勢傾向於逐漸加速，而不是長時間維持均速。因此，作用良好的軌道線不應該維持過久，如果不能逐漸加速，可能表示當前趨勢需要一輪較大幅度的調整。

　　本章介紹的技術分析工具，都可以應用到各種時間單位的 K 線圖上，包括分時圖，像是圖 1-24 的美元指數分時圖。

圖1-25 美麥日線圖（2018年1月8日～2018年9月21日）

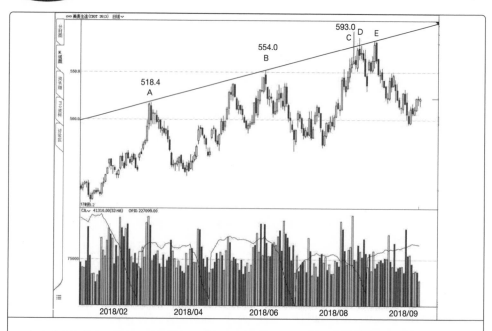

⬆ 在上升趨勢中，基本的上升趨勢線位於行情軌跡的下方，由歷史低點連接而成；高點連線位於行情軌跡的上方，由歷史高點連接而成。在本圖中，從歷史高點 A 出發連接高點 B，可以畫出高點連線 AB。該線在高點 C 得到驗證，並在高點 D 和 E 發揮壓力作用。

趨勢線延伸工具2：高點連線＆低點連線

接下來，介紹基本趨勢線另一側的「高點連線」或「低點連線」。

在上升趨勢裡，基本的上升趨勢線是由歷史低點連接而成，位於行情軌跡的下方；高點連線則由歷史高點連接而成，位於行情軌跡的上方。根據趨勢定義，上升趨勢的關鍵在於市場創新高的能力，當我們把相鄰的高點連接起來，可以直接觀察市場創新高的速度是否加快或放緩。

在下降趨勢裡，基本的下降趨勢線是由歷史高點連接而成，位於行情軌跡的上方；低點連線則由歷史低點連接而成，位於行情軌跡的下方。根據趨勢定義，下降趨勢的關鍵在於市場創新低的能力，當我們把相鄰的低點連接

圖1-26　蘋果公司日線圖（2018年1月8日～2018年9月21日）

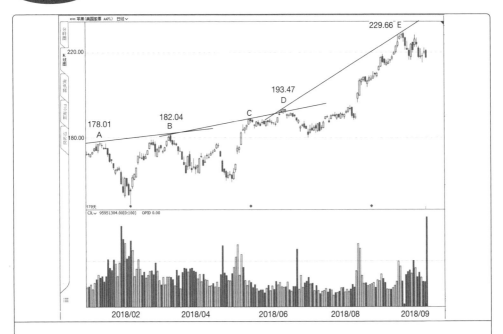

⬆ 連接高點 A 和 B 畫出高點連線 AB，連接高點 B 和 C 畫出高點連線 BC，之後在高點 D 得到驗證；連接高點 D 和 E 畫出高點連線 DE。在高點 D 和 E 之間趨勢加速較為明顯，但是高點 B、C、D 之間其實也有加速，只是較不明顯。相對於連線 AB，連線 BCD 的斜率更大，顯示出上升趨勢的加速過程。

起來，可以直接觀察市場創新低的速度是否加快或放緩。

　　圖 1-25 的行情處於上升趨勢中，從高點 A 出發，連接高點 B，繪製出高點連線 AB，並在高點 C 得到驗證，在高點 D 和 E 發揮壓力作用。有趣的是，這條高點連線在相當長的時間內都持續有效，這種情況並不常見。

　　在上升趨勢中，高點是由行情一波又一波的向上衝擊形成，這時候市場情緒高漲；低點則由反趨勢方向的調整行情留下，這時候市場情緒相對平靜。因為上升趨勢線是沿著行情調整的低點連接而成，其作用通常會比高點連線更持久。

　　圖 1-26 是更典型的上升趨勢高點連線，在圖的最左側，透過點 A 和 B

圖1-27　LmeS_鋅日線圖（2018年2月13日～2018年9月21日）

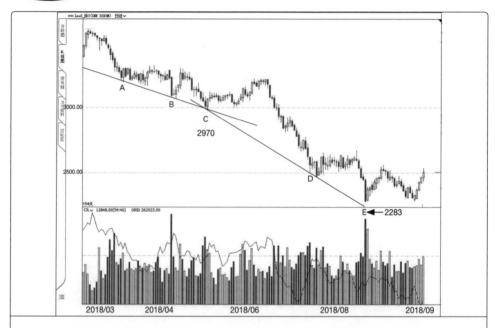

⬆ 在下降趨勢中，連接歷史低點 A 和 B 繪製第一條低點連線，該線在低點 C 得到驗證；連接低點 C 和 D 繪製第二條連線，該線在低點 E 得到驗證。連線 CDE 的斜率大於連線 ABC，顯示下降趨勢在加速。

繪製出第一條高點連線，其斜率最小。接著，連接點 B、C、D 繪製出第二條高點連線，其斜率稍微大於第一條。最後，連接點 D 和點 E 繪製出第三條高點連線，其斜率最大。

　　3 條高點連線的斜率越來越大，表示市場上漲的速度不斷加快，行情越來越強勁地創新高。大體上，這是上升趨勢的普遍情形。如果出現相反的情況，即高點連線的斜率越來越小，可能表示市場上漲的速度降低、力度減弱，很可能即將進入調整階段，甚至形成趨勢反轉。

　　同樣的道理，在下降趨勢中，低點是由行情一波又一波的向下衝擊形成，這時候市場情緒恐懼；高點則由反趨勢方向的回升行情形成，這時候市場情緒相對平靜。因為下降趨勢線是沿著行情調整的高點連接而成，其作用

圖1-28　日幣日線圖（2018年3月9日～2018年10月29日）

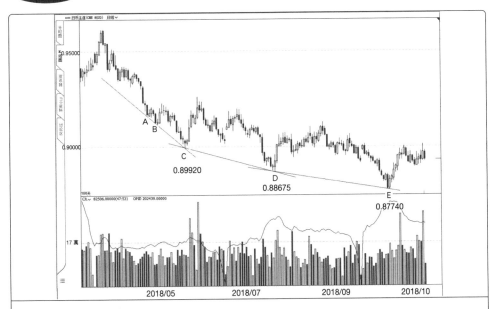

↑ 在下降趨勢中，連接歷史低點 A 和 B 繪製第一條低點連線，該線在低點 C 得到驗證；連接低點 C 和 D 繪製第二條低點連線；連接低點 D 和 E 繪製第三條低點連線。3 條線的斜率依次變小，顯示趨勢下降的力度減弱，市場即將進入調整階段。

往往會比低點連線更持久。

　　圖 1-27 為下降趨勢，連接歷史低點依次畫出兩條低點連線，其斜率逐步加大，表明市場下降速度增加。

　　圖 1-28 也是下降趨勢，連接歷史低點依次畫出 3 條低點連線，其斜率逐步變小，表明趨勢力度減緩，很可能即將進入調整階段。

趨勢線延伸工具3：交叉趨勢線

　　前文介紹的趨勢線工具，要麼繪製在行情曲線的上方，要麼繪製在下方，都不會穿越行情曲線。最後，我們要介紹的「交叉趨勢線」，則是一種穿過行情曲線的趨勢線工具。

圖1-29 美元兌日元日線圖（2018年1月24日～2018年10月12日）

⬆ 圖中有兩條上升趨勢線，都是從低點A出發。上方的趨勢線在低點C和D發揮支撐作用，但是在點E被向下突破，後來在高點F發揮壓力作用。在此同時，下方的趨勢線仍然維持基本的正常作用。

　　圖1-29有兩條上升趨勢線，下方是普通的基本上升趨勢線，上方的趨勢線原本也很普通，但是在點E被向下突破之後（即行情交叉穿過趨勢線），原來的支撐作用轉化為壓力作用。當市場再次上升時，在點F受到上方這條趨勢線的壓力，最後留下高點F。由此看來，無論趨勢線是否被突破，將它向右延長，便可能在後續行情中繼續發揮作用。

　　既然延長基本的趨勢線能發揮更多效用，我們可以進一步改變趨勢線的繪製方法。原本，我們從兩個低點繪製上升趨勢線，從兩個高點繪製下降趨勢線，並等待它們逐漸改變斜率、轉化角色。現在，直接連接一個高點和一個低點，來嘗試繪製交叉趨勢線。

　　圖1-30中，在高點A和低點B出現後，我們馬上嘗試繪製交叉趨勢線AB（在點A與點B之間，行情曲線穿過趨勢線AB，因此稱為交叉趨勢線），

圖1-30 富時日線圖（2018年1月17日～2018年10月12日）

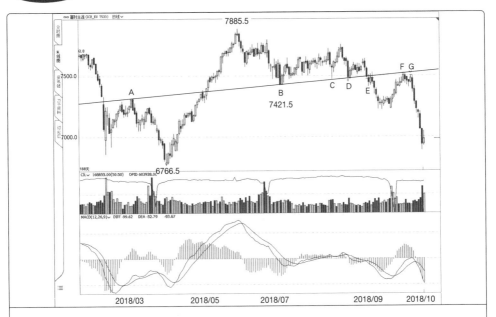

↑ 連接歷史高點 A 和歷史低點 B 繪製出交叉趨勢線 AB，爾後在點 C 得到驗證，在點 D 發揮良好的支撐作用。在點 E 處，市場向下跌破交叉趨勢線 AB，後來在高點 F 和 G 發揮良好的壓力作用，甚至在點 G 引發顯著的下跌行情。

結果它在低點 C 得到驗證，在低點 D 發揮良好的支撐作用，後來市場在點 E 向下突破，該線又在高點 F 發揮壓力作用。

在點 F 的幾天之後，市場向上返回該線附近，這一次遭受強力阻擋，形成另一個高點 G，並引發一輪劇烈的下跌行情。

從圖 1-30 可以看到，交叉趨勢線穿越行情曲線，它們發揮作用的時間通常比較長，更重要的是，斜率一般都比較小，因此技術分析意義往往更加重要。

在圖 1-31（見 54 頁）中，連接點 A 和點 B 的趨勢線原本位於 K 線下方，屬於基本的上升趨勢線，但是經過 D 處的行情向下穿越，再經過 E 處的高點之後，就成為典型的交叉趨勢線。由此看來，交叉趨勢線不講究繪製方式，只要連接相關的歷史高點或低點，繪製出一條直線，並在後來得到驗證，就

圖1-31 可可指數日線圖（2019年12月9日～2020年7月10日）

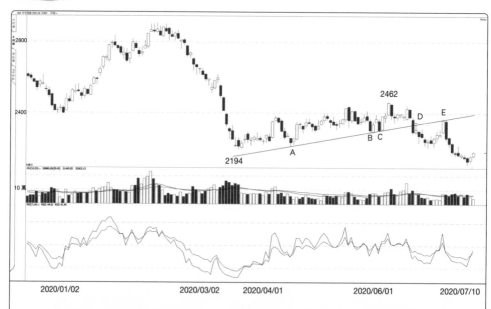

↑ 連接低點 A 和 B 繪製出上升趨勢線 AB，之後在點 C 得到驗證（在點 B 趨勢線稍有調整，用的是實體低點，而非當日最低點）。點 D 是市場向下跌破該線之後向上反彈的高點，此時原來的支撐作用已經轉為壓力作用，上升趨勢線也變為交叉趨勢線。高點 E 令人印象深刻，市場再次向上試探交叉趨勢線，但是接連兩次碰壁後，開始快速下跌。

具有應用價值。

　　借助交叉趨勢線，我們可以擴展趨勢線的繪製方法和應用場合，獲得更重要的技術分析線索。以下舉出兩個實例，圖 1-29 和圖 1-30 都是月線圖，行情演變的期間都相當長。

　　圖 1-32 的交叉趨勢線，由一個高點和一個低點連接而成，是頭部形態的頸線，因此更具有技術分析價值。市場向下突破這條交叉趨勢線之後，發生一輪劇烈而持久的下跌行情。

　　圖 1-33（見 56 頁）的交叉趨勢線，來自基本的長期上升趨勢線，不過該線的斜率很小，當它被向下突破，便轉化為交叉趨勢線，並且在點 F 發揮重要的壓力作用。

圖1-32 玉米指數月線圖（2007年9月～2018年10月16日）

↑ 連接點 A 和點 B 繪製交叉趨勢線 AB，之後在低點 C 得到驗證。市場在點 D 向下穿越該線，引發激烈的下跌行情。點 B、C、D 上方的頭部形態延續 3～4 年之久，交叉趨勢線 AB 恰好也是頭部形態的頸線，因此突破訊號意義較大。

　　以上介紹不同類型的趨勢線。趨勢線不僅繪製方法靈活，還可以廣泛應用於 K 線圖、成交量、持倉量、移動平均線、擺動指數、股市統計指標、各類經濟指標等許多方面。只要指標可以用曲線呈現，就能用趨勢線進行分析。

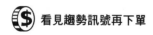

圖1-33　場內鎳03月線圖（2000年12月～2018年10月16日）

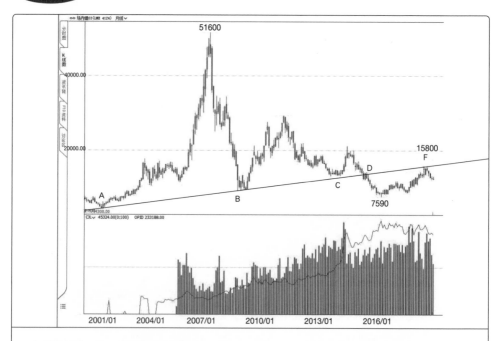

⬆ 連接低點 A 和 B 繪製趨勢線 AB，之後在點 C 得到驗證。這是一條基本的上升趨勢線，由於斜率較小、時間較長，因此具有重要意義。在點 D，市場向下突破趨勢線 AB，於是它變成交叉趨勢線，並在之後的點 F 發揮壓力作用。

1-3 設定價格目標弊大於利！3個重點告訴你何時該停損

設置價格目標的利與弊

　　趨勢線是斜線，其功能類似於價格水平線、百分比回調線、價格跳空的邊界線等水平線，都是對股價變化發揮支撐作用或壓力作用。

　　若當前行情正處在上述水平線或斜線附近（如圖 1-21a 所示），我們可以採取進場策略。若當前行情不在上述水平線或斜線附近，我們往往有意無意地，將上述水平線或斜線的所在位置看作價格目標。例如在圖 1-34（見 58 頁）中，當前行情處於劇烈的下跌過程，在行情曲線下方，趨勢線 AB 和歷史低點 B 所在的價格水平，都可能被看成下跌行情的價格目標。

　　事實上，設置價格目標有利有弊，但通常來說弊大於利。

　　原因之一是，水平線和斜線都是根據行情的歷史記錄繪製而成。歷史行情是已經確定的事實，但未來行情充滿活力，不能保證將如何運行。因此，我們不能用僵硬的框線去描繪活動的行情。

　　原因之二是，預設價格目標將帶給投資者一定程度的成見。帶著成見觀察行情，顯然會降低投資者的靈活性，甚至會產生誤導。考慮到這層副作用，我們寧可不考慮、不評估趨勢的價格目標。

　　恰當的觀點是，將歷史行情形成的指標線視為客觀的刻度，作為衡量市場狀態、趨勢力度的尺規，而不是限定行情演變的框架。透過這套尺規，行情的歷史和未來建立聯繫。

　　若在趨勢演變的前方或後方，存在明顯的價格水平線、百分比回調線、價格跳空、趨勢線（尤其是斜率較小的趨勢線），我們可以將它當作參照標

圖1-34 恒生指數月線圖（2007年6月～2018年10月29日）

↑ 恒生指數正處在激烈的下跌行情中，趨勢線 AB 所處的位置有可能被看成價格目標；點 B（18278）是更下方的重要價格水平，也可能被看作價格目標。

準（見圖 1-35）。在未來的趨勢演變過程中，如果行情未能到達參照標準，提早掉頭折返，那麼：

◆發生在順趨勢方向時，表明趨勢力度不如預期，可能發生反向變化。
◆發生在逆趨勢方向時，表明原趨勢力度強勁，原趨勢可能隨時恢復，繼續前進。

如果行情達到參照標準，那麼：

◆無論發生在順趨勢方向或逆趨勢方向，都表明行情很可能繼續按部就班地演變。

圖1-35　以價格水平等作為趨勢演變參照的各種情形

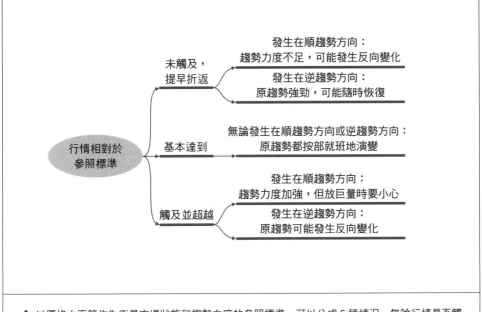

↑ 以價格水平等作為衡量市場狀態和趨勢力度的參照標準，可以分成 5 種情況。無論行情是否觸及或是超越參照標準，都可以透露出有價值的技術分析資訊。

如果行情超越參照標準，那麼：

◆發生在順趨勢方向時，表明趨勢力度加強。不過，若成交量在行情超越參照標準時形成巨量，就需要小心。

◆發生在逆趨勢方向時，表明原趨勢可能發生反向變化。

描述趨勢的語言不是精確的，而是模糊的、機率的，就像量子力學相對於牛頓力學一樣。我們一般習慣的觀察方式是：在前一個時間點，物體處於 A 位置，根據物體前進的速度和受到的外力作用，能精準預計它在下一個時間點的位置。這種方式養成我們追求精確的習慣，但在面對市場的不確定性時，這會讓我們白費力氣地追求準確度，或是讓自己處在矛盾之中如坐針

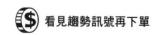
圖1-36a 美元指數日線圖（2018年2月2日～2018年10月31日）

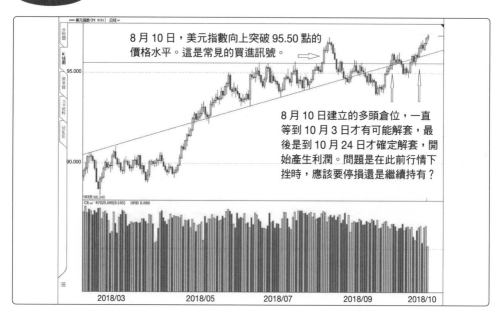

甂。

　　比較推薦的觀察方式是，養成用機率理解行情的習慣，對行情演變安然處之。行情是我們的素材，技術分析工具則是加工素材的手段，目的是盡可能按照市場的本來面目，準確描述、界定行情狀態，並採取相應的行動。

關於何時該停損的3個重點

　　當市場向上突破技術分析的指標線，常見的投資策略是買進。

　　圖1-36a展示美元指數從2018年8月10日到10月底的行情變化。假定我們在8月10日向上突破價格水平時買進，建立多頭倉位，不幸的是，之後市場的小幅上漲只維持3天，就一路下跌，一口氣跌破95.50點，最低點一度達到93.79點。

　　之後，市場在價格水平之下逗留，直到10月3日才再次回升到95.50點以上，使8月10日建立的多頭倉位看見一線曙光。接著，市場又上下徘

圖1-36b 美元指數日線圖（2018 年 2 月 2 日～2018 年 10 月 31 日）

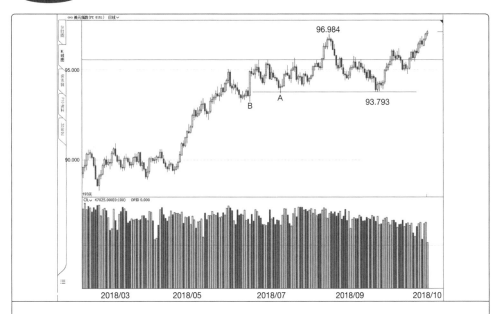

↑ 2018 年 8 月 10 日市場向上突破 95.50 點的價格水平，但 7 天後又向下突破該價格水平，否決先前的向上突破。之後並未出現原本預期的上升趨勢，但市場沒有形成下降趨勢，而是進入橫向盤整。從歷史低點 A 拉出一條價格水平線，它與 95.50 點的價格水平線形成橫盤區間。

徊兩週，最後在 10 月 24 日終於正式上升，確保 8 月 10 日的多頭倉位解套，開始產生利潤。

從這個例子，我們看見趨勢演變路徑的複雜多變，充分證明歷史是精準的既成事實，未來只是模糊的機率分布。

2018 年 8 月 10 日的最低價為 95.51、最高價為 96.45。假定買進價為 96.00，那麼在 8 月 10 日～10 月 24 日將近兩個半月裡，投資者究竟應該停損，還是要苦苦忍耐、堅定持有？

在圖 1-36b 這段曲折的演變路徑中，價格形態從原先的上升三角形轉變為橫盤區間，其本意是一邊徘徊一邊等待新的突破機會，既可能向上突破，也可能向下突破。橫盤區間內的價格變化沒有太大的趨勢意義，使得選擇停損點尤為困難。

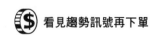

圖1-37a 美原油指數日線圖（2018年2月9日～2018年11月9日）

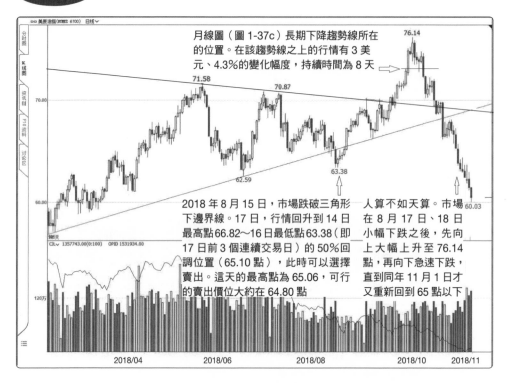

月線圖（圖1-37c）長期下降趨勢線所在的位置。在該趨勢線之上的行情有3美元、4.3%的變化幅度，持續時間為8天

2018年8月15日，市場跌破三角形下邊界線。17日，行情回升到14日最高點66.82～16日最低點63.38（即17日前3個連續交易日）的50%回調位置（65.10點），此時可以選擇賣出。這天的最高點為65.06，可行的賣出價位大約在64.80點

人算不如天算。市場在8月17日、18日小幅下跌之後，先向上大幅上升至76.14點，再向下急速下跌，直到同年11月1日才又重新回到65點以下

如果要停損，圖1-36b的橫盤區間最低點為93.79，距離買進的價格大約損失2.3%，損失不算太大。但是，就此罷手，很可能錯過後來的上漲過程，令人不甘心。

如果不停損，橫盤區間既有可能如圖所示向上突破，恢復上升趨勢，也可能向下突破，在下方空間拓展新的路徑，甚至轉變為下降趨勢。投資者能不能承受、該不該承受這巨大的不確定性呢？

要回答上述問題，必須回到趨勢上來看。這個案例的曲折正好驗證趨勢演變第二階段的特徵：在相對高位來回不定，不能形成清晰的上漲路徑，有時甚至發生較深的下挫，只差在沒有挑戰上升趨勢第一階段（底部）的最低點。事實上，趨勢第二階段的最佳策略是逢低買進，但是不宜追漲，也不宜輕易為多頭倉位做停損。因此，在這個案例中，我們傾向不停損、繼續持有。

圖1-37b　美原油指數分時圖（2018年8月17日）

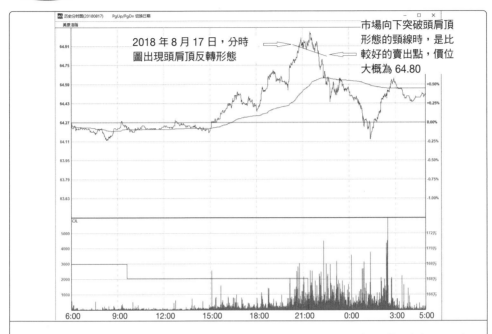

2018 年 8 月 17 日，分時圖出現頭肩頂反轉形態

市場向下突破頭肩頂形態的頸線時，是比較好的賣出點，價位大概為 64.80

↑ 2018 年 8 月 17 日，大約在 21 時之後，分時圖上形成一個微型的頭肩頂形態。當市場向下突破頭肩頂的頸線，構成較好的賣出訊號，賣出價位大約在 64.80。

在圖 1-36a 的例子中，多頭倉位的損失最多為 2.3％，似乎還可以忍受，我們再看下一個案例。

請見圖 1-37a，市場向下突破三角形的下邊界線，然後回升到該線下方（原本的支撐作用轉變為壓力作用），差不多處於前一輪下跌行情的 50％ 回調位置，此時看起來是賣出做空的好機會。對比圖 1-37a 和圖 1-37b，這個回升點出現在 2018 年 8 月 17 日，賣出價位大約落在 64.80。

可惜，人算不如天算。之後，除了 17 日和 18 日兩天小幅下跌，市場先是大幅上漲至最高點 76.14，再急速下跌，直至 2018 年 11 月 1 日才重新回到 65 點以下的水平。在這個案例中，如果忍耐不停損，則多頭倉位的浮動虧損最多可達 17.5％，遠遠超過前一個案例的 2.3％。

投資者必須思考：為什麼要停損呢？是因為不能承受虧損，還是因為誤判趨勢而必須糾正？

當投資者持有的倉位越重，甚至運用資金槓桿，就越難承受市場的不利變化。在重倉情況下，投資者往往顧不上趨勢，遭遇一定的虧損就必須停損，因為最重要的是保命。問題是停損之後，趨勢可能沒有改變，此時投資者要不受停損的影響，繼續追蹤趨勢並順勢交易。

在趨勢第二階段，也許投資者對趨勢的判斷正確，只是時機把握得不好，因此在幾次停損後，累積起來的虧損比較大。更有甚者，投資者反覆地建倉、停損，備受折磨，以至於最終失去追蹤趨勢的耐心和勇氣，等到趨勢行情真正展開時，卻與它擦肩而過。

另一方面，當投資者持有的倉位越輕、不運用資金槓桿，就相對地越從容，能承受較大的不利變化，且有餘裕判斷：究竟是自己錯看趨勢，或只是一時的行情波折。

若確實是看錯趨勢，就必須停損，重新研究行情，選擇市場方向。若沒有看錯趨勢，只是行情波動的幅度增加，就再忍耐一段時間，或許可以保留更多機會。

然而，輕倉交易也有不利之處。首先，不押重倉，盈利空間不會太大。更可怕的是，在輕倉的情況下，我們在發生虧損時往往傾向於忍耐，直到最終確認為誤判而停損時，市場可能已經朝著反方向發展一段距離，使投資者蒙受較大損失。

圖 1-37c 是圖 1-37a 的月線圖，從中可以看到圖 1-37a 更長期的背景。連接歷史高點 A 和 B 繪製下降趨勢線，市場在高點 C（2018 年 9 月，73.01 點）向上觸及該趨勢線。10 月，市場向上挑戰並一度明顯超越該趨勢線，突破 9 月的最高點 73.01。此時，若我們斷定趨勢轉向上升，並按照上個月的高點 73.01 來停損，則損失大約高達 12.65%。

在圖 1-37c 中，市場並未真正向上突破，很快又回落到該趨勢線之下，隨即進入快速下跌的狀態。在圖 1-37a 的右上方，大約 73.01 的價位，我們用短線標出下降趨勢線的價格水平（即圖 1-37c 的 C 點）。從該價格水平到最高點 76.14，還有 2.3% 的幅度，且持續時間達 8 個交易日，其間市場的不確定性令人難以承受。因此，上述停損是必須的。

圖1-37c 美原油指數月線圖（2005 年 1 月～2018 年 11 月 9 日）

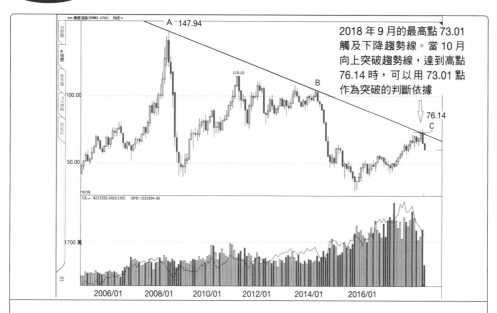

2018 年 9 月的最高點 73.01 觸及下降趨勢線。當 10 月向上突破趨勢線，達到高點 76.14 時，可以用 73.01 點作為突破的判斷依據

↑ 圖 1-37a 的三角形以及之後的變化，都發生在長期下降趨勢線上的點 C 附近。2018 年 9 月的最高點 73.01 已經向上觸及該趨勢線，當 10 月向上超越 73.01 點，達到 76.14 點，可以判斷市場向上突破趨勢線。當然，後來市場再次回到趨勢線以下，表明上述突破是假突破。

　　即使遭遇上述停損的打擊，投資者也不應該氣餒，而是要持續追蹤行情，等到市場重新回到趨勢線之下，判斷下降趨勢恢復，便能繼續做空。

　　值得指出的是，假設我們在圖 1-37a 的 2018 年 8 月 15 日，即市場向下突破三角形的下邊界線時，建立空頭倉位，之後當市場重新向上突破，回到三角形以內，就顯示 15 日的向下突破為假突破。由於市場處於三角形橫盤過程，未來有可能向上突破，也有可能向下突破，因此可以進一步觀察，不必急於停損。

　　然而，之後市場繼續向上突破三角形的上邊界線，意味著市場已經做出上升的新抉擇，此時必須果斷停損，甚至考慮做多。因為，既然當初根據三角形的向下突破，來建立空頭倉位，那麼當市場重新選擇突破方向時，就要相應地重新選擇交易方向。

　　透過上述兩個案例的對比，對於究竟應該把停損建立在趨勢判斷上，或是建立在虧損承受能力上，相信明智的讀者一定有自己的思考和選擇。我在這裡提出三個重點以供參考：

　　◆儘量放長眼光，捕捉市場處在長期趨勢的機會做長期投資。可以先輕倉參與，若趨勢判斷錯誤，就果斷停損。

　　◆儘量分辨趨勢的階段特徵。如果虧損發生在趨勢第二階段，寧可忍耐；如果虧損發生在趨勢第三階段，要儘快停損。

　　◆不拒絕重倉，但重倉是在正確追蹤趨勢的過程中逐步累積，而不是孤注一擲。

　　投資交易如同釣魚、打獵，最好的策略是多看少動。不過，前提條件是：要確認是否存在長期趨勢，是否有足夠大的趨勢規模，值不值得下功夫。換句話說，要先看林子裡有沒有鹿、水裡頭有沒有魚，如果有，再施展打獵和釣魚的功夫也不遲。

　　從上述兩個案例中，我們得到以下啟示，作為本章的小結。

　　第一，未來行情是模糊的、隨機的。投資交易的世界是量子世界，不是牛頓世界。行情是動態的，不能以靜態的框架去限制。雖然價格水平、趨勢線等趨勢分析工具，有重要參考價值，但它們並非銅牆鐵壁。面對動態的市場、不確定的未來，投資者應用這些工具時，要為市場的含糊變化保留彈性空間。

　　第二，市場變化存在基本的大趨勢方向，所謂「大機率」指的就是符合大趨勢方向的變化。令人欣慰的是，如果市場進入長期趨勢，大趨勢方向往往相當可靠。本章介紹的趨勢分析工具，可以幫助我們判斷趨勢方向，檢驗趨勢力度。

　　第三，應該因為無法承受虧損而停損，或是因為誤判趨勢而停損？這是一個兩難的選擇。若是在趨勢第二階段操作錯誤，要儘量忍耐；若是在趨勢第三階段操作錯誤，則要儘快停損認賠。關鍵在於，停損之後要清空自己，從零開始，絕不能因為停損而裹足不前。

| 第 2 章 |

橫盤好漫長！
關注「持續」形態有效追擊

2-1 【矩形】多空勢力交戰讓行情進入黑箱，如何預期價格變化？

　　行情演變是快速漲跌和橫向盤整交替出現。行情經過一輪快速拉升或下跌後，往往會進入橫向區間進行休整，一邊積蓄力量，一邊尋找突破方向。通常，快速漲跌會依循既定的方向發展，而進入橫向區間後，行情會來回試探，直到摸索出阻力最小的方向。換句話說，行情在進入橫向區間之前的方向，與突破橫向區間之後的方向，不一定是一致的。

　　人們常說趨勢變化不是一天形成的，而是一個過程。這個醞釀趨勢變化的過程通常就是橫向盤整，它如同水流中的漩渦充滿不確定性，值得著重研究。（偶爾也會出現 V 形反轉，趨勢變化表現為劇烈的轉折，而不是過程。）

　　價格形態是 K 線、價格水平線、百分比回調線、價格跳空、趨勢線等趨勢分析工具的組合運用。價格形態猶如圍棋的定式，是把各種基本要領組合起來，形成讓下棋雙方各不吃虧的對弈方法。

　　定式是圍棋的基本功，價格形態是技術分析的基本功。學習圍棋時，首先要將定式牢記於心，才能在對弈中不假思索地應用；其次要在反覆運用的過程中，深入理解定式的真義與作用。

　　學習技術分析時，首先也要牢記價格形態的基本要領，才能在交易過程中不假思索地應用。其次，由於價格形態是趨勢分析工具的組合運用，投資者可以藉此體會趨勢分析工具的內涵與功用。

　　分析價格形態時，最重要的是不能單純「就形態論形態」，而是要結合價格形態所處的趨勢背景來追蹤、理解和運用。在判斷後市方向時，價格形態本身或許帶有傾向性，但也只是稍微而已，決定性的力量還是來自價格形態所處的趨勢本身。

現在，就讓我們從矩形形態開始介紹。

矩形的基本特點

矩形是由上下兩條價格水平線共同圍成的一段行情，是最簡單的價格形態。在矩形內部，上方的價格水平線產生壓力作用，每當行情接近或到達該線時，都會轉頭向下；下方的價格水平線發揮支撐作用，每當行情接近或到達該線時，都會反轉向上。出現箱形形態時，市場往往在兩條價格水平線之間來回往返許多次。

在圖 2-1 （見 72 頁）中，從 2018 年 7 月到 11 月，上證 50 指數在兩條價格水平線之間徘徊。上方的價格水平線原本是從低點 A 拉出的支撐線，當市場在點 D 向下突破，它轉化為壓力水平線。之後，市場屢屢在接近這條水平線時受到壓力作用，轉頭向下。

再看到下方的價格水平線，它是從低點 H 拉出，之後每當市場接近該線時，都受到良好的支撐作用。兩條水平線組成的矩形又稱為「箱體」，基本特徵是巨大的不確定性。它就像一個黑箱，行情進入後，箱子裡的變化令人霧裡看花，既不知道行情何時脫離箱子，更不知道從哪個方向脫離。

矩形形態內部的行情變化屬於典型的橫向趨勢。在上下界限確定後，市場無法有效向上或向下突破，只能局限在兩條水平線之間。

根據趨勢原理，趨勢通常傾向加速，即上升趨勢會漲得越來越快，下降趨勢會跌得越來越快。相反地，橫向趨勢傾向收縮，不但價格波動的幅度越來越窄，成交量也越來越小，這就是市場即將選擇突破方向的前兆。圖 2-1 沒有明顯展現這一點，矩形後期的成交量甚至有放大跡象，帶給人們許多困惑。

圖 2-2（見 73 頁）滬銅指數日線圖提供典型的矩形形態圖例。從高點 E 拉出矩形上方的壓力水平線，從低點 A 拉出矩形下方的支撐水平線。大體上，矩形形態始於 E 點，直到市場在 G 點向上突破，矩形形態才告終結。從 2019 年 5 月到 12 月，矩形形態持續 7 個月之久，價格波動的幅度在矩形前半部比較大，直到大約矩形中間的位置，波動範圍逐漸收窄。

圖2-1　　上證50指數日線圖（2018年1月24日～2018年11月14日）

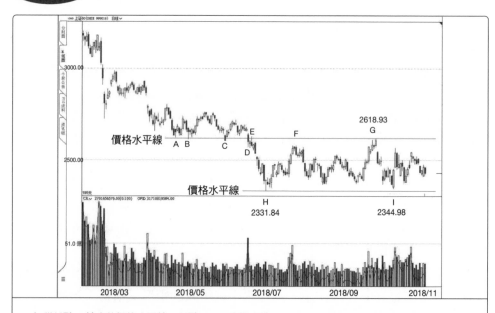

⬆ 從低點 A 拉出的價格水平線，在點 B、C 發揮支撐作用。市場在點 D 向下突破，隔一天之後向上反彈，在點 E 受到壓力作用。在點 F，市場未能到達水平線，顯示出內在疲軟。在點 G，市場再次受到壓力作用。另一方面，從低點 H 拉出的價格水平線，在點 I 發揮支撐作用。上下兩條價格水平線圍成一個矩形形態，在 4 個多月的漫長時間裡，市場始終在這個矩形內部來回。

持續時間：無限制可長可短

　　矩形形態是由兩條價格水平線共同組成，且價格水平線是最基本的趨勢分析工具，所以矩形形態相當常見。

　　此外，價格水平線是根據代表性歷史高低點繪製而成，其維持代表性的時間可長可短，所以矩形形態的持續時間也是可長可短。在短週期的分時圖、5 分鐘線圖，以及中長週期的日線圖、週線圖、月線圖中，都時常出現矩形形態。

　　圖 2-3（見 74 頁）是分時圖上的矩形形態，走勢已經持續 5 天，到圖例的最右側還未出現突破。在日線圖中，矩形形態的持續時間一般為 1～3 個

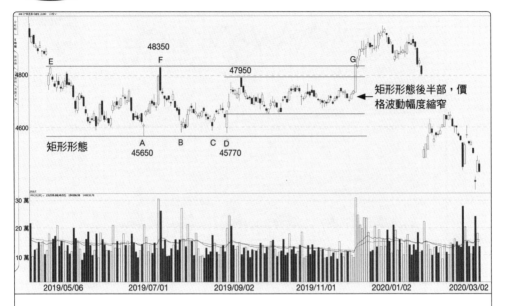

圖2-2　滬銅指數日線圖（2019年4月18日～2020年3月11日）

48350

E
F
4800

47950

矩形形態後半部，價
格波動幅度縮窄

G

4600

矩形形態　A　B　C　D
45650　　　45770

30 萬

20 萬

10 萬

2019/05/06　2019/07/01　2019/09/02　2019/11/01　2020/01/02　2020/03/02

↑ 從低點 A 拉出支撐水平線、高點 E 拉出壓力水平線，兩者共同圍成一個矩形形態。在矩形前半部，行情基本上能夠向上接觸壓力線、向下接觸支撐線，但是在後半部，價格波動的範圍明顯收窄，這通常代表行情即將發生突破。最後，市場在本圖的點 G 向上突破壓力水平線。

月（見圖 2-2），對應一般的趨勢分類，大體上屬於中趨勢，也很可能是大趨勢的一部分。

　　圖 2-4（見 74 頁）的矩形形態持續約 5 個月，上方的壓力水平線在後期需要小幅調高，下方的支撐水平線一直維持良好。到本圖最右側為止，市場依然沒有走出矩形形態。

　　圖 2-5（見 75 頁）的矩形形態持續 48 週，幾乎滿一年。矩形下方的支撐水平線是基於 2015 年底～2016 年初的底部形態歷史高點。這個矩形形態的演變過程相當典型，即價格波動的幅度逐漸收窄，成交量逐漸減少。

　　圖 2-6（見 75 頁）幾乎完全處於矩形形態中，持續時間將近 3 年，到本圖最右側為止，市場還沒有走出矩形的跡象。

　　當價格水平線是根據極為重要的歷史高低點繪製而成，有可能形成超級

圖2-3 CME日經指數主力合約分時圖（2018年11月12日～20日）

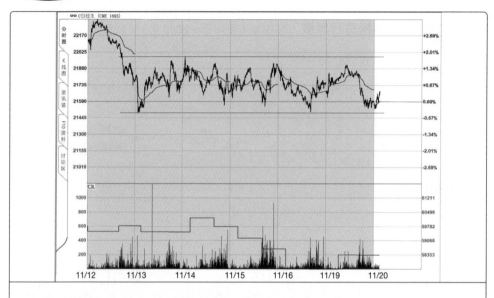

↑ 圖上的矩形形態已持續5天，到本圖的最右側還未出現突破。

圖2-4 美元兌韓幣日線圖（2018年6月12日～2018年11月20日）

↑ 本圖的矩形形態持續約5個月，到本圖最右側為止，行情依然沒有走出該形態。

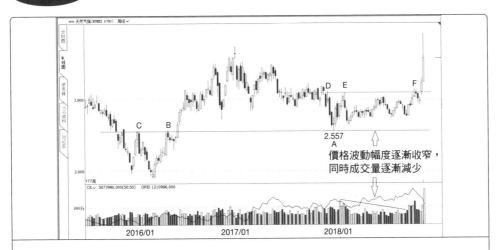

圖2-5 天然氣指數週線圖（2015年7月3日～2018年11月16日）

↑ 矩形的持續時間可長可短。本圖的矩形形態從歷史高點 D 的後一週（2017 年 12 月 8 日當週）算起，到向上突破的前一週（2018 年 11 月 2 日當週）為止，總共持續 48 週，屬於典型的矩形形態，即價格波動幅度逐漸收窄，成交量也逐漸減少。

圖2-6 倫敦金週線圖（2015年12月24日～2018年11月16日）

↑ 從歷史低點 A 拉出矩形形態下方的支撐水平線，從歷史高點 B 拉出上方的壓力水平線。行情進入矩形（2016 年 2 月 5 日當週）之後，持續 2 年 9 個月，直到本圖最右側仍未向外突破。

圖2-7a 標準普爾指數月線圖（1994年1月～2014年6月）

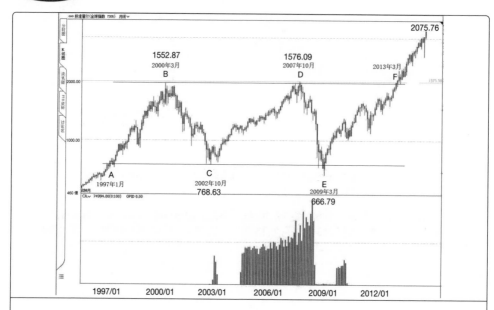

↑ 本圖為超級矩形形態，若從進入點A計算到突破點F，走勢總共持續16年2個月；若從歷史高點B計算到突破點F，則走勢持續13年。

矩形形態，持續非常長的時間。

　　圖2-7a的標準普爾500指數月線圖，在1997年～2013年形成超級矩形形態。在矩形內部，從點A到B，持續3年2個月，行情上漲幅度為102％。從點B到C，持續2年7個月，行情下跌幅度為50.5％。從點C到D，持續1年5個月，行情上漲幅度105％。從點D到E，行情下跌幅度為57.7％，從點E到F，持續4年，行情上漲幅度136.6％。

　　雖然這幾輪行情都是持續時間長、波動幅度大，但從整體來看，它們只是組成超級矩形形態的一部分。請注意，在此之前市場存在明顯的上升趨勢，之後恢復原先的上升趨勢、漲勢如虹。這個上升趨勢代表美國股市的百年牛市。

形態完成：突破價格水平線

　　矩形形態的完成以市場向上突破上方的壓力水平線，或向下突破下方的支撐水平線為標記。

　　以單獨一條價格水平線來說，一旦它符合以下條件，發出的突破訊號就越重要：

◆經過的歷史高低點越重要

◆價格水平線持續有效的時間越長

◆當突破訊號出現時，若伴隨價格跳空、趨勢線突破等其他技術訊號，它們會進一步加強突破訊號

　　由於矩形形態的邊界線就是價格水平線，因此矩形形態的突破訊號同樣具備上述特點。不僅如此，矩形形態屬於橫向趨勢，通常是更大趨勢的過渡階段或中途整理階段，所以，比起單獨一條價格水平線的突破訊號，矩形形態的突破訊號意義更重大。

　　矩形形態的持續時間越長，後期波動越窄，則累積的能量越大，最終出現爆發式突破的可能性越大。以下來看幾個例子。

　　圖 2-2 的突破訊號表現為一根長陰線，和矩形後半部的一連串短 K 線形成強烈對比，凸顯出市場對矩形突破訊號的強烈反應。

　　圖 2-5 的突破訊號同樣令人訝異。矩形形態持續 48 週後，以連續兩根長陽線作結。值得一提的是，第二根長陽線的實體和上影線都很長，而且伴隨巨大成交量，可見市場在矩形形態逐漸累積的能量，都透過這根長陽線噴發出來。

　　在圖 2-7a 的超級矩形形態中，行情始終維持大幅波動，多空雙方都有表現機會，由於行情未曾平靜下來，所以最後的突破不會顯得戲劇化。如此規模巨大的超級矩形形態，奠定點 F 之後 5 年以上穩步向上的強勢行情（見78 頁圖 2-7b）。

　　從技術分析的角度來看，考慮到市場經過超級矩形形態的充分準備，後來的上漲行情順理成章，談不上驚人，更不算漲得過久、漲幅過大。

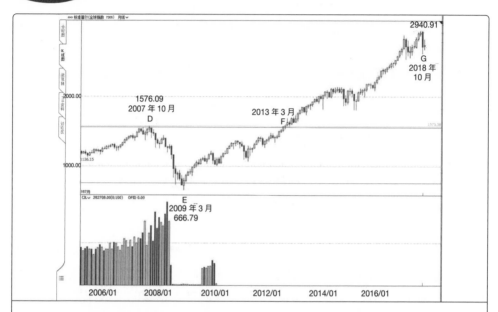

圖2-7b 標準普爾指數月線圖（2005年1月～2018年11月19日）

➡ 市場在點F向上突破超級矩形，之後是穩定向上的牛市行情。有些投資者認為，這一輪牛市行情應從點E算起，直到點G，持續時間為9年7個月。但從技術分析的觀點來看，應從點F起算，直到點G，持續時間為5年7個月。

矩形形態突破方向的傾向性

矩形形態的上下方均是水平直線，不具有未來突破方向的傾向，而且如前所述，矩形符合橫向趨勢的定義，表示它的慣性很強，很難打破僵持格局。

雖然如此，矩形形態不是孤島，即使是圖2-7a、圖2-7b那樣的超級矩形形態，背後也存在更宏大的歷史趨勢背景。因此，矩形形態終究只是更大趨勢背景下的休整階段，其走勢一般有兩個特點。

第一，進入矩形後，行情的未來方向變得不確定。但是，若市場原本有趨勢，之後很可能會沿著原來的趨勢方向突破，恢復原有趨勢。

第二，在矩形內部，如果行情上漲的持續時間較長，伴隨成交量上升，且行情下降的持續時間較短，伴隨成交量萎縮，就暗示最終很可能向上突

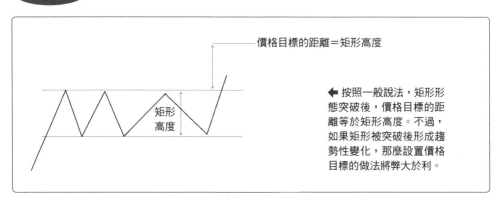

圖2-8　價格目標的距離與矩形高度的關係

價格目標的距離＝矩形高度

矩形
高度

◀ 按照一般說法，矩形形
態突破後，價格目標的距
離等於矩形高度。不過，
如果矩形被突破後形成趨
勢性變化，那麼設置價格
目標的做法將弊大於利。

破。相反地，如果行情下跌的持續時間較長，伴隨成交量上升，且行情上升
的持續時間較短，伴隨成交量萎縮，就暗示最終很可能向下突破。

　　正因為上述特點，矩形形態被歸類到持續性質的價格形態。事實上，第
二個特點勉強不得，只有在徵兆明顯的前提下可以適度預期。大多數情況下
並不會出現明顯徵兆，畢竟矩形就像一個黑箱，令人難以看透。

價格目標和時間目標

　　按照一般說法，矩形形態突破後，價格目標的距離等於矩形的高度（見
圖 2-8）。矩形被突破後，如果市場沒有形成趨勢性變化，而是重新開始橫
向盤整，那麼上述說法或許還有參考價值。但是，如果矩形被突破後，市場
形成趨勢性變化，如此設置價格目標便很有問題，原因有二。

　　首先，矩形形態通常是趨勢演變過程中的盤整階段，一旦矩形被突破，
往往代表盤整階段結束，行情恢復到趨勢狀態。因此，發生趨勢性變化的機
率更高。其次，趨勢性變化的潛力巨大，很難用預先設定的價格目標來限定。
更糟糕的是，如果心中想著價格目標，可能會讓頭腦不夠靈活，以至於對市
場的後續變化準備不足。

　　總之，設置價格目標是弊大於利，這在上一章已經強調過。

　　市場往往在矩形形態裡面上下來回多次，形成曲折的行情軌跡，並在其

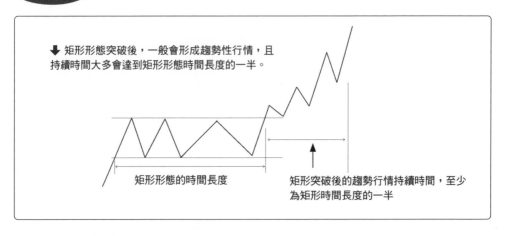

圖2-9　　矩形形態的持續時間，與突破後趨勢行情持續時間的關係

　　中花費相當長的時間摸索新方向。既然如此，當矩形被突破，市場不可能走到矩形高度的距離就罷休。

　　我們該如何合理預期後來的價格變化呢？答案是我們可以設定時間目標。因為時間目標與行情價格並非直接相關，所以不影響我們對後續價格變化的判斷，而且它能提供大致的時間框架，具有一定的參考價值。

　　時間目標與百分比回調線有些相似。根據技術分析的經驗法則，矩形形態被突破後的趨勢行情，通常會持續到矩形形態時間長度的 1/2 或更長（見圖2-9）。舉例來說，假設矩形形態持續 14 年，那麼突破之後的趨勢行情，一般會持續 7 年。

　　突破後的趨勢行情，若只達到矩形時間長度的 1/4 或 1/3，則矩形形態的突破無力，若達到 2/3 或 3/4，則矩形形態的突破有力，且趨勢強勁。

矩形形態常出現在趨勢演變的第二階段

　　趨勢演變第二階段的典型特徵是來回不定，期間很容易形成矩形形態。

　　在圖 2-10 中，低點 21488 之後的上升趨勢順風順水，最後 7 週更是進入瘋狂狀態，在原本就十分快速的上升趨勢基礎上，再進一步加速。之後，行情形成 V 形反轉，在兩週內就完成趨勢逆轉，這是下降趨勢的第一階段。

圖2-10　恒生指數週線圖（2016 年 8 月 26 日～2018 年 11 月 15 日）

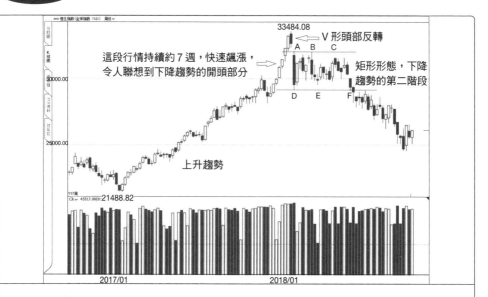

🔺 從 2016 年 12 月底的 21488，到 2018 年 2 月初的 33484，恒生指數的漲勢十分明顯，尤其最後 7 週更是變本加厲。之後，行情進入 V 形頭部反轉，是下降趨勢的第一階段。當上方的價格水平線 ABC 和下方的價格水平線 DE 圍成矩形形態，是下降趨勢的第二階段，持續 5 個月有餘。當市場向下突破矩形，下降趨勢進入第三階段。

接下來，市場進入下降趨勢第二階段，留下相當完整的矩形形態。最後，當市場向下突破矩形形態，行情進入下降趨勢第三階段。

圖 2-11（見 82 頁）頭部左側的 3 根月線，實體幾乎首尾相接，尤其是最後一根超級長陽線，顯示趨勢上升飛快。在顯著上升趨勢之後出現這種超級長陽線，比較不像一般的上升趨勢，反而像是下降趨勢的開頭。

之後，頭部右側是一根超級長陰線，形成 V 形反轉。接下來，市場進入下降趨勢第二階段，留下典型的矩形形態。最後，當市場向下突破矩形形態，行情進入下降趨勢第三階段。

圖 2-12（見 83 頁）低點 121.25 的左側是快速下降趨勢。市場在低點前後花了將近 30 週，形成上升三角形反轉形態。當市場向上突破該形態的頸線，底部形態完成，上升趨勢得到確立，並進入趨勢第二階段。頸線原先是

圖2-11　倫敦銀月線圖（2008年2月～2018年11月15日）

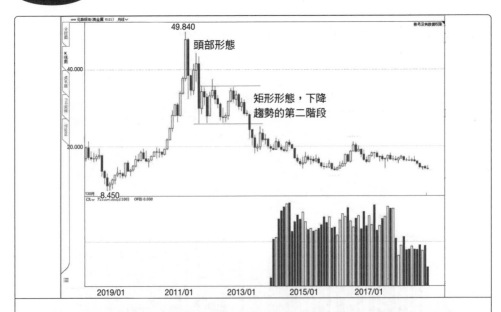

↑ 左側，從8.45到49.84是一輪不斷加速的顯著上升趨勢，最後3根月線上漲得更快、幅度更大，特別是最後一根超級長陽線，令人印象深刻。下一根月線向下急速反轉，與之後的4根月線共同完成類似雙重頂的頭部形態。接著，市場進入下降趨勢第二階段，即典型的矩形形態。當市場向下突破矩形並持續下跌，下降趨勢進入第三階段，此時波動較少、波幅較小。

壓力水平線，現在轉化為支撐水平線，並與高點161.40處的價格水平線共同圍成矩形形態，是上升趨勢的第二階段。

矩形形態也可能是反轉性質

　　矩形屬於持續性質的價格形態，一般來說，會按照原有趨勢方向突破。然而，矩形裡面是個黑箱，兩條水平線之間充滿不確定性，有時候可能成為反轉形態，完成趨勢逆轉。這表示持續和反轉只是價格形態的一般特性，幾乎所有價格形態都會有例外情形。

　　圖2-13有點像是雙重頂反轉形態，但兩側各多出一次波折，因此更像是矩形形態。這個矩形形態持續51週，不符合頭部反轉形態的一般特點（即波動幅度大、持續時間短）。

圖2-12 育肥牛指數週線圖（2015年2月27日～2018年11月15日）

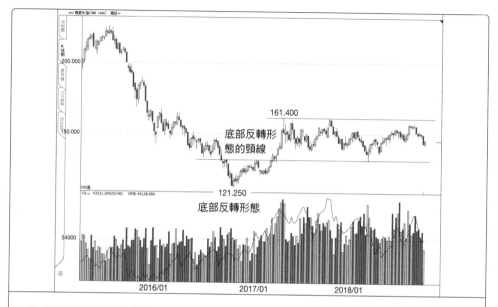

↑ 本圖底部是雙重底形態或上升三角形形態，當其頸線或上邊線被向上突破，標示上升趨勢已形成，並進入趨勢第二階段。之後，前述頸線從壓力水平線轉變成支撐水平線，與上方的價格水平線共同圍成矩形形態，這是上升趨勢的第二階段。在本圖中，市場仍未走出第二階段。

圖2-13 貴州茅台週線圖（2016年9月2日～2018年11月30日）

↑ 矩形形態大多表現為持續形態，但也有成為反轉形態的例外。不過，成為頭部反轉形態的情況較不常見，因為頭部反轉形態通常持續時間較短、波幅較大，而矩形形態的持續時間偏長。

2-2 【三角形】持續時間有限制，突破訊號通常出現在……

三角形的基本特點

矩形形態是由兩條價格水平線組成，隨著時間推移，橫向趨勢的行情波動幅度傾向於收窄，成交量傾向於減少。如果收窄的過程較規律，就會形成三角形形態（見圖 2-14a）。無論矩形或三角形，都是對應橫向趨勢。

三角形形態是由兩條趨勢線組成，上方的趨勢線向下傾斜，下方的趨勢線向上傾斜，刻畫出行情波動幅度的規律性收窄。兩條邊線往往具有對稱性，所以三角形形態又稱為對稱三角形形態。

圖2-14a 三角形形態示意圖

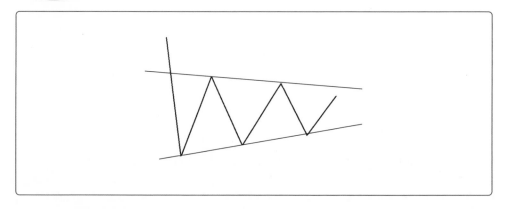

圖2-14b 價格目標的距離與矩形高度的關係

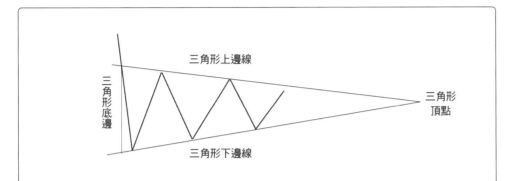

三角形上邊線

三角形底邊

三角形
頂點

三角形下邊線

↑ 這裡有幾個術語：上邊線、下邊線、底邊、頂點。上下邊線即上方和下方的兩條趨勢線，底邊
是從行情進入三角形形態的時刻算起，兩條邊線之間的垂直線段。頂點是兩條邊線的交叉點。

持續時間：有限制較明確

　　矩形形態由兩條平行的價格水平線圍成，持續時間可長可短。三角形形態由兩條趨勢線圍成，一條向上、一條向下，未來一定會在某處相交，此交叉點稱為三角形的「頂點」。三角形形態起始處，也就是兩條趨勢線相距最遠處，稱為三角形的「底邊」（見圖 2-14b）。

　　在正常情況下，三角形形態的行情走勢不會一直持續到頂點，而是會在到達頂點之前便出現突破，重新進入趨勢行情。這表示三角形形態存在時間上的限制，不像矩形形態那樣可長可短。

　　在日線圖上，三角形的持續時間通常是 2～3 個月，以每個月 21～22 個交易日來算，大致相當於 40 ～ 70 個交易日，對應到其他時間單位的 K 線圖，大致相當於 40～70 根 K 線。這在 5 分鐘線圖上相當於 200～350 分鐘，在 15 分鐘線圖上相當於 10～18 小時，在 60 分鐘線圖上相當於 40～70 小時，在週線圖上相當於 40～70 週，在月線圖上相當於 40～70 個月。

　　圖 2-15、圖 2-16 及圖 2-17（見 86 到 87 頁）都為月線圖。圖 2-15 的三角形形態持續 18 根 K 線，圖 2-16 持續 75 根，圖 2-17 持續 18 根。

圖2-15 CMX銅E指月線圖（2007年9月～2016年9月）

↑ 高點2、4、6連成三角形形態的上邊線，低點1、3、5連成下邊線。市場在點7向下突破，三角形形態完成。該形態共持續19個月，突破位置約在底邊到頂點的3/4處，偏晚但尚屬常見。

圖2-16 歐元兌美元月線圖（2003年8月29日～2018年12月5日）

↑ 點1和2初具規模，但沒有直接貢獻。點3、4、5、6勾勒出三角形形態。行情在點7向下突破，三角形形態完成。該形態持續將近80個月，屬於超級形態。突破位置在底邊到頂點之間的1/2到3/4處，比較典型。

圖2-17　白糖指數月線圖（2012 年 1 月～2018 年 12 月 5 日）

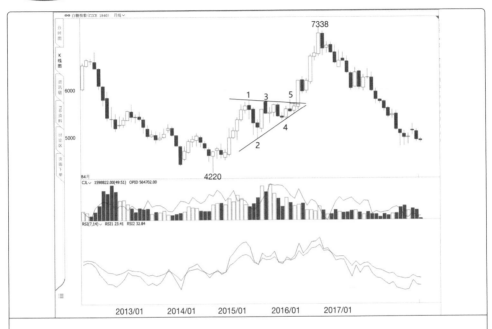

↑ 點 1、3 連成三角形形態的上邊線，點 2、4 連成下邊線。不尋常的是，這個三角形幾乎走到頂點附近才向上突破。

形態完成：突破上下邊線

　　與矩形形態相似，三角形形態的完成也是以行情向上突破上邊線，或向下突破下邊線為標記。差別在於，三角形有時間框架，因此形態的完成具有時間性：從三角形頂點到底邊之間的 1/2～3/4 之處，最有可能發生突破訊號（見 88 頁圖 2-18）。

　　圖 2-15 的突破訊號發生在 3/4 位置，尚屬典型。圖 2-16 的突破訊號發生在 1/2 位置之後不久，比較典型。圖 2-17 的突破訊號相當接近三角形頂點，相對少見。

圖2-18　三角形形態的突破位置

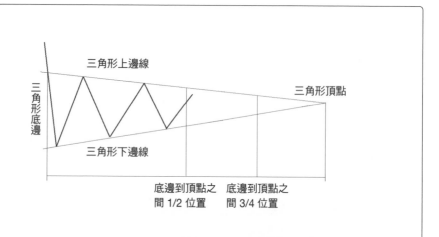

三角形上邊線

三角形底邊

三角形下邊線

三角形頂點

底邊到頂點之　底邊到頂點之
間 1/2 位置　　間 3/4 位置

↑ 三角形的上下邊線形成相交點（頂點），但行情通常不會延續到頂點，所以三角形形態的持續時間有限。三角形形態的突破位置通常發生在底邊至頂點的 1/2 位置到 3/4 位置之間，行情向上或向下突破後，三角形形態完成。

價格目標：平形於邊線的趨勢線

前文曾反覆強調設置價格目標弊大於利，因為固定的價格水平可能帶來成見，成為思想上的枷鎖。

三角形的價格目標比較特別，並非固定的價格水平，而是一條趨勢線。當行情向上突破上邊線，我們從三角形底邊上方的點，繪製一條平行於下邊線的趨勢線，就是三角形的價格目標；當行情向下突破下邊線，我們從三角形底邊下方的點，繪製一條平行於上邊線的趨勢線，就是三角形的價格目標。

該趨勢線與平行的上邊線或下邊線，共同構成價格通道。三角形形態的價格目標是預期行情突破後，將沿著這個價格通道形成趨勢性變化（見圖2-19、圖 2-20、90 頁圖 2-21）。

在圖 2-19 中，行情在點 7 向下突破三角形下邊線，我們從底邊下方的

圖2-19　CMX銅E指月線圖（2007年9月～2016年9月）

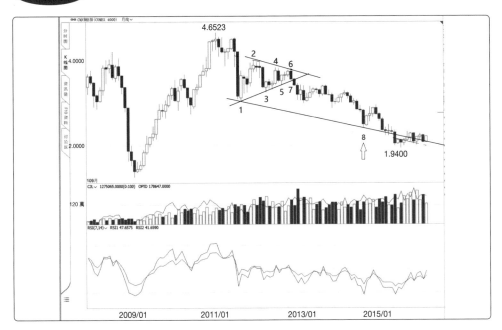

圖2-20　歐元兌美元月線圖（2003年8月～2018年12月5日）

圖2-21 白糖指數月線圖（2012年1月～2018年12月5日）

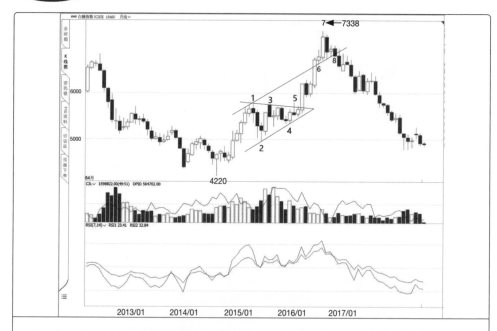

↑ 行情在點5向上突破三角形上邊線，我們從點1繪製一條與下邊線平行的線，作為價格目標。它不是固定的價格水平，而是一條趨勢線，會隨著時間推移逐步變化。在點6，行情向上超越該趨勢線，使得價格目標落空。不過，市場在點7回落，在點8重新向下穿越，顯示出該趨勢線的支撐和壓力作用。

點1繪製平行於上邊線的趨勢線。該趨勢線具有潛在的支撐作用，並與三角形的上邊線共同構成一條價格通道，之後果然在點8發揮良好的支撐作用。

在圖2-20中，市場在點7向下突破三角形下邊線，我們從底邊下方的點1繪製平行於上邊線的趨勢線，它與三角形的上邊線構成一條價格通道，之後在點8發揮良好的支撐作用。

請注意，技術分析者習慣拉長價格水平線、趨勢線等，因為這些線在未來可能繼續發揮作用。在這個圖中，我們拉長三角形的上邊線和下邊線，後來下邊線在點9發揮良好的壓力作用，上邊線也有作用。

在圖2-21中，行情在點5向上突破三角形上邊線，我們從底邊上方的

圖2-22　糖16號指週線圖（2016年9月16日～2018年12月21日）

↑ 三角形的邊線始終沒有被突破，當行情延續到頂點之外，演變為在三角形頂點的價位附近窄幅橫盤。

點 1 繪製平行於下邊線的趨勢線。在點 6，行情向上超越該趨勢線，導致價格目標落空。由這個案例可見，三角形形態以趨勢線作為價格目標，而不是固定的價格水平，所以只能作為參考，不能當成主要依據。

三角形形態可能始終沒有突破訊號

　　三角形形態的持續時間長短不一，但由於兩條邊線的斜率都不大，市場的向上突破或向下突破具有重要技術意義。如果行情延續到三角形頂點都沒有形成突破，則三角形形態不成立，市場將沿著三角形頂點所在的價格水平，在較窄的價格範圍內橫向波動，且持續時間不確定（見圖 2-22）。

圖2-23a 國債指數週線圖（2016年3月18日～2018年6月29日）

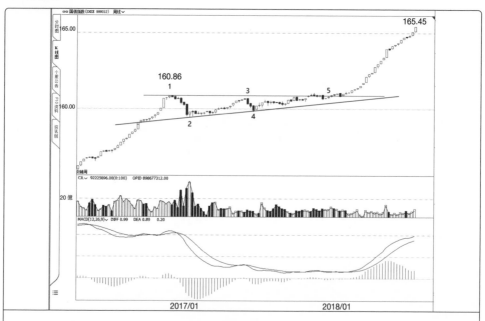

↑ 從歷史高點1繪製價格水平線，之後市場屢次向上嘗試，都沒有突破這個價格水平。從歷史低點2和4繪製上升趨勢線，上方的價格水平線和下方的上升趨勢線圍成一個上升三角形。最終，行情在點5向上突破上升三角形。

上升三角形與下降三角形

對稱三角形的上邊線下傾、下邊線上傾，兩條邊線大致上互為對稱，因此三角形形態不具有趨勢方向的傾向，而是作為持續形態，通常會延續之前的趨勢。

然而，上升三角形和下降三角形是三角形形態的特殊形式，具有趨勢方向的傾向。

在圖 2-23a 中，三角形的上邊線是水平直線（價格水平線），下邊線是上升趨勢線，兩者形成上升三角形（直角三角形）。顧名思義，上升三角形具有向上突破的傾向。從趨勢定義的角度來看，下邊線向上，表示行情的低

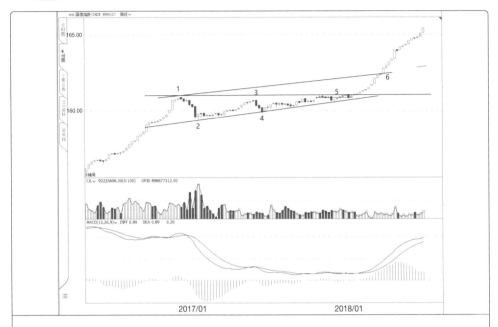

圖2-23b 國債指數週線圖（2016年3月18日～2018年6月29日）

↑ 上升三角形被突破後，從點1繪製下邊線的平行線，理論上，這條趨勢線可作為三角形的價格目標。然而，市場並未受到這條線的影響，後來的行情遠遠超出其範圍。

點越來越高，一旦行情向上突破上邊線的水平直線，則高點也越來越高，滿足上升趨勢的定義。

在圖2-23b中，上升三角形被向上突破後，我們從底邊的點1繪製平行於下邊線的趨勢線，作為價格目標。請注意，這條趨勢線沒有發揮參考價值，市場在點6繼續快速拉升。由此可見，三角形的價格目標僅供參考，並非可靠的指引。

在圖2-24（見94頁）中，三角形的下邊線是水平直線（價格水平線），上邊線是下降趨勢線，兩者形成下降三角形（直角三角形）。顧名思義，下降三角形具有向下突破的傾向。從趨勢定義的角度來看，上邊線向下，表示行情的高點越來越低，一旦行情向下突破下邊線的水平直線，則低點也越來越低，滿足下降趨勢的定義。

圖2-24 LmeS_鎳3日線圖（2018年7月26日～2018年12月21日）

⬆ 從歷史低點1繪製的價格水平線一直發揮支撐作用。從歷史高點2和4繪製的下降趨勢線，與價格水平線共同圍成下降三角形形態。在本圖中，該形態尚未發出突破訊號。

擴大形態與鑽石形態

常規三角形形態的上下兩條邊線相互收攏，是橫向趨勢的典型表現，也就是隨著時間推移，行情波動幅度縮小，成交量降低。

相較之下，擴大形態反其道而行，它也呈現三角形的輪廓，但是上下兩條邊線沒有收攏，而是相互分離，因此擴大形態又稱為喇叭形態。

這意味著，隨著時間推移，行情波動幅度不但沒有縮小，反而不斷放大，通常是高點越來越高、低點越來越低。從趨勢定義的角度來看，這既不是上升趨勢，也不是下降趨勢，而是不斷加強的橫向趨勢（見圖2-25、96頁圖

圖2-25　PVC指數日線圖（2018年7月19日～2018年12月21日）

↑ 從低點1和3繪製下方的趨勢線，並在點5得到市場驗證；從高點2和4繪製上方的趨勢線，並在點6得到市場驗證。上下兩條邊線圍成一個擴大形態，其波動幅度越來越大。最後，市場按照原趨勢方向向下突破，表明擴大形態也可能成為持續形態。

2-26）。

　　擴大形態表明多空雙方針鋒相對、互不相讓，雙方都充滿自信，但都不能取得決定性勝利，於是戰線越拉越長。隨著擴大形態發展，未來行情的不確定性也持續增加，市場的緊張氛圍越來越濃厚。

　　從圖2-25來看，擴大形態也像三角形形態一樣，最終可能出現突破訊號，但由於擴大形態本身的波動幅度不斷擴大，市場在點7向下突破時，已經距離前一個高點（點6）相當遠，若根據這樣的訊號賣出，在價格上比較吃虧。

　　從這個圖後面的行情來看，行情由此處進入較長期的低位橫向盤整，下跌過程變得曲折，更是無利可圖。由此可見，擴大形態的麻煩在於，很難從中獲得有效的買賣訊號。

　　圖2-25的擴大形態持續21天左右，最終按照原趨勢方向向下突破，表明擴大形態也可能成為持續形態。

圖2-26　富時100週線圖（2015年8月14日～2018年12月21日）

➔ 沿著高點3和5繪製上方的趨勢線，在高點7得到驗證；沿著低點2和6繪製下方的趨勢線，在低點8得到驗證。兩條線圍成持續時間很長的擴大形態，在本圖中市場尚未發生突破。

　　圖2-26的擴大形態持續時間很長，說明市場矛盾可以持續很久。這個擴大形態似乎導致市場向下反轉，但在圖中尚未形成突破訊號，最終鹿死誰手還沒有定論。

　　擴大形態表示市場的多空雙方競爭激烈，難以判斷哪一方更占優勢，於是很難獲得有效的買賣訊號。所幸，擴大形態比較少見。

　　還有一種與三角形相關且更少見的價格形態——鑽石形態（或稱菱形形態）。這個形態代表多空雙方先是激烈競爭，形成擴大形態，後來雙方氣力耗盡，行情無法繼續擴大，於是變成逐步收攏的三角形形態。先是擴大形態，再回到三角形形態，兩者組合就是鑽石形態（見圖2-27）。

　　在鑽石形態的演變過程中，多空沒有一方取得壓倒性勝利，整體形態依

圖2-27 德DAX週線圖（2015年8月14日～2018年12月21日）

↑ 沿著低點1、3繪製擴大形態下方的趨勢線，在低點6得到驗證；沿著高點2、4繪製擴大形態上方的趨勢線。從低點6、8繪製三角形下邊線，從高點5、7繪製三角形上邊線。市場在點10附近向下突破三角形下邊線，鑽石形態完成，市場形成頭部反轉。

然屬於橫向趨勢。其突破訊號與常規三角形形態一樣，價格目標也一樣。

三角形形態也可能是反轉性質

　　一般來說，三角形屬於持續性質的價格形態，最後的突破訊號往往沿著三角形之前的趨勢方向發生。但本質上，三角形屬於橫向趨勢，市場處於猶豫不決、重新選擇方向的階段，所以也可能在最後選擇改變方向，逆轉原先的趨勢。因此，三角形形態有時也可能成為反轉形態。

　　以圖2-28（見98頁）為例，構成三角形底邊的大陽線十分搶眼，可說

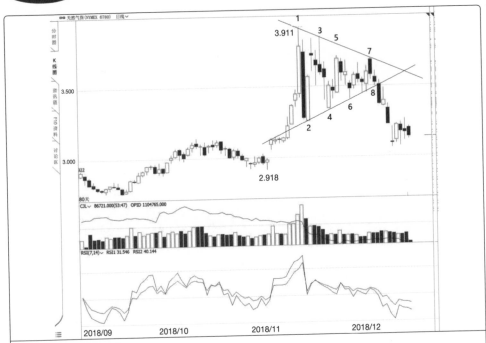

圖2-28　天然氣指日線圖（2018年8月31日～2018年12月21日）

⬆ 連接低點2、4得到三角形下邊線，點6驗證該線的支撐作用；連接高點1、3得到三角形上邊線，在點7得到驗證。在點8附近，市場向下突破三角形下邊線，形成三角形頭部反轉形態。

是前期上升趨勢最後的瘋狂表現，之後行情大幅波動，並在橫向盤整中逐漸平緩下來，形成三角形形態。最後，市場向下突破三角形下邊線，形成三角形頭部反轉形態。

圖2-28的頭部反轉形態大約持續20個交易日，圖2-29的底部反轉形態則持續8～9年之久。這反映出反轉形態的典型特徵：頭部反轉的波動劇烈、持續時間較短；底部反轉的波動越來越小、持續時間較長。

不過，凡事皆有例外。圖2-30（見100頁）的三角形頭部反轉形態，只有一開始的波動稍微顯得激烈，整體過程都較平靜，持續時間長達40週。不僅如此，行情在頭部形態之前，有將近30週處於相當平靜的橫盤狀態，

圖2-29　美元指數月線圖（2002 年 7 月～2015 年 1 月）

⬆ 本圖的三角形形態持續 8～9 年，可謂超級形態。從低點 2、6 連成下邊線，從高點 1、3 連成上邊線。在點 7 附近，市場向上突破上邊線，完成底部反轉形態。請注意，在三角形最後臨近向上突破的 3 年內，行情波動幅度明顯收窄，在越來越狹窄的空間內橫向延伸。

整體上市場在高位無所作為的時間總共有 70 週（約一年半的時間），相當令人煎熬。

擴大形態也可能成為反轉形態，這種情況較常出現在市場頭部。以圖 2-31（見 101 頁）為例，行情向下突破時劇烈下跌，表現十分慘烈。由於擴大形態的波動幅度會逐漸變大，在形態被突破時，行情往往已經擴張相當的幅度。發生突破後，市場繼續大幅下跌，顯示行情變化十分劇烈。

一般來說，若擴大形態作為持續形態，一旦被突破，行情繼續快速變化的可能性不大（見圖 2-25）；若作為反轉形態，一旦被突破，行情繼續快速變化的可能性較大（見圖 2-31）。

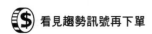 看見趨勢訊號再下單

圖2-30　台股加權週線圖（2015年10月23日～2019年1月4日）

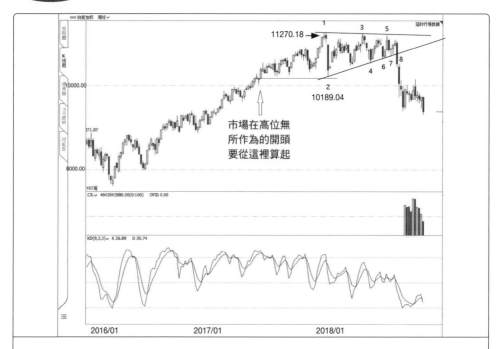

↑ 通常，頭部反轉形態的波動劇烈、持續時間較短，但是本圖的三角形頭部反轉形態，只有一開始的波動稍顯激烈，後續整體過程較為平靜，十分熬人。

100

圖2-31　加拿大股票指數月線圖（2012年2月～2018年12月27日）

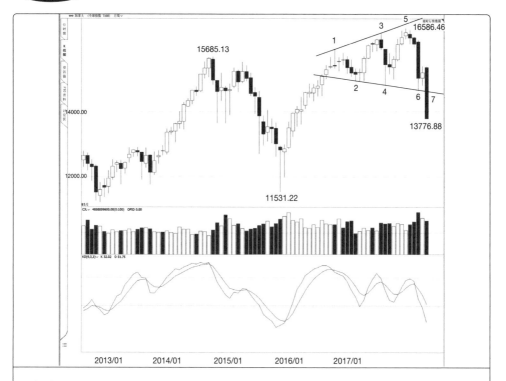

↑ 連接高點 1、3 得到上升趨勢線，在點 5 得到驗證；連接低點 2、4 得到下降趨勢線，在點 6 得到驗證。兩條趨勢線分別為擴大形態的上邊線和下邊線，市場在點 7 附近向下突破下邊線，形成頭部反轉形態。

2-3 【平行通道】向上傾斜時，為何行情往往會向下突破？

　　技術分析者總結出價格形態，目的是將複雜的行情變化歸類成典型的演變模式，方便理解和掌握。但是我們一再強調，行情變化是活的，很難用框架限定，因此我們在使用價格形態時，要掌握兩個認知。

　　一方面，市場演變模式仍有擴充的餘地，典型價格形態也可能存在變化；另一方面，觀察價格形態時需要保留靈活性，重點在於價格形態在趨勢理論上的實質意義，形態的輪廓只要大致滿足即可。

　　把握上述重點後，接下來我們要介紹向下或向上傾斜的平行通道形態。

基本特點

　　圖 2-32a 從上到下共有 3 條行情曲線。上圖表示上升趨勢，每一波高點都明顯高於前一波高點，每一波低點也明顯高於前一波低點。所謂「明顯」是指可以一眼看出，或大多數人都能輕鬆分辨創新高的情形。

　　中圖表示橫向趨勢，最初的高低點在後續行情演變過程中發揮重要作用，後續行情既不能明顯向上突破最初的高點，也不能明顯向下突破最初的低點。這就是本章開頭介紹的矩形形態。

　　下圖表示向上傾斜的平行通道。從嚴格意義來說，向上傾斜的平行通道每一波都創新高，且每一波的低點都高於前一波，似乎符合上升趨勢的定義。但是，它的創新高不明顯，不仔細比較就不容易確認，而且它的低點回落得很深，比前一個低點高了不太多。

　　我們在圖 2-32b（見 104 頁）添加價格水平線，使 3 張圖的區別更清晰。

圖2-32a　上升趨勢、橫向趨勢和向上傾斜的平行通道的比較

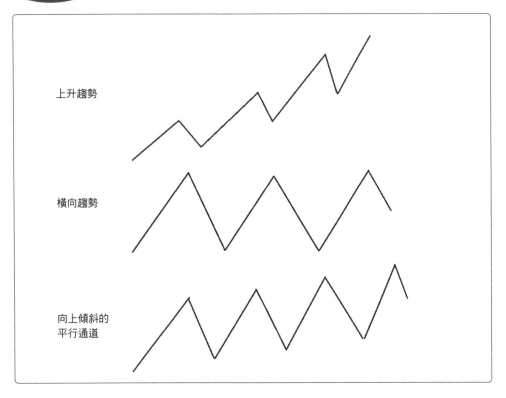

　　上圖，高點 2、4、6 依序逐次向上，上升幅度明顯且逐漸拉開距離，呈現加速狀態；低點 1、3、5、7 依序逐次向上，上升幅度同樣明顯且逐漸拉開距離，呈現加速狀態。每一次回落都得到有力支撐，回落幅度為前一波上漲幅度的 50％，之後逐步縮小為 33％、25％。

　　中圖，從最先出現的低點 1 和高點 2 出發，拉出兩條價格水平線，之後的行情波動都局限在兩線之間，說明這兩個價格水平具有重要意義。

　　下圖，高點 2、4、6、8 依次升高，從價格水平線可以看出上升幅度不明顯，也沒有加大的跡象；低點 1、3、5、7 依次升高，同樣可以看出上升幅度不明顯，也沒有加大的跡象。更重要的是，相對於上漲行情，每次回落的幅度都超過 67％，接近前一個低點。

圖2-32b 帶有價格水平線的上升趨勢、橫向趨勢和向上傾斜的平行通道

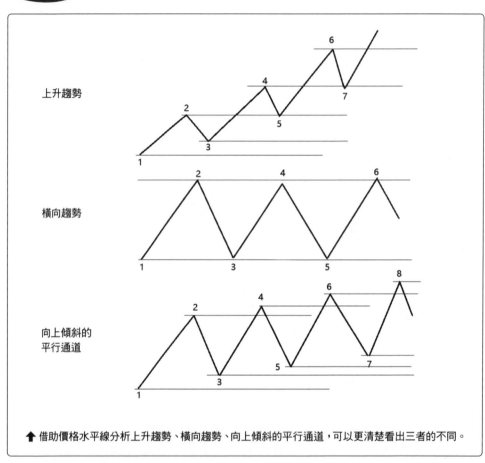

上升趨勢

橫向趨勢

向上傾斜的
平行通道

⬆ 借助價格水平線分析上升趨勢、橫向趨勢、向上傾斜的平行通道，可以更清楚看出三者的不同。

　　參照上升趨勢的定義，下圖似乎是上升趨勢，但實際上更像是矩形形態的變形，我們將它稱為「向上傾斜的平行通道」。

　　上升趨勢應該具備 3 個特點：

◆行情演變過程有逐漸向上加速的傾向。

◆創新高時是顯著的新高。

◆創新高後，當行情回落時，價格回調通常不超過前期漲幅的 50％，

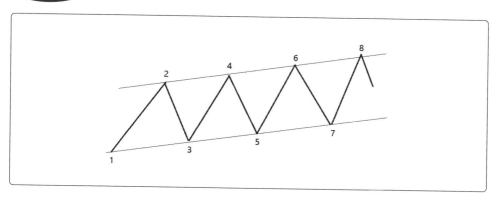

圖2-32c　含有平行趨勢線的向上傾斜的平行通道

有時甚至不超過 33%。

向上傾斜的平行通道則具備以下 3 個特點：

◆行情演變過程沒有向上加速的傾向。

◆創新高時不明顯，比較拖泥帶水，含糊曖昧。

◆創新高後行情回落時，價格回調通常超過前期上漲幅度的 50%，有時甚至超過 67%。

圖 2-32c 用兩條平行的趨勢線來描繪向上傾斜的平行通道，使其輪廓更清晰。向下傾斜的平行通道與上述情形方向相反，道理相同。

持續時間：無限制可長可短

與矩形形態類似，平行通道的持續時間可長可短（見 106 頁圖 2-33）。

圖 2-34 和圖 2-35（見 106 到 107 頁）都是日線圖。圖 2-34 的平行通道持續 5 個月左右，通道內的行情大幅震盪。圖 2-35 的平行通道持續 24 個交易日左右，通道內的行情波幅相對較小。

在圖 2-36（見 107 頁）中，平行通道出現前，市場經過快速下跌。平行

圖2-33　納斯達克指數月線圖（2010年2月26日～2019年2月26日）

　🔼 納指的牛市已持續將近10年，中途出現向下傾斜的平行通道，持續時間超過12個月。向下傾斜的平行通道通常會向上突破，是牛市過程中的持續形態。之後牛市恢復。

圖2-34　豆一指數日線圖（2018年2月8日～2018年12月21日）

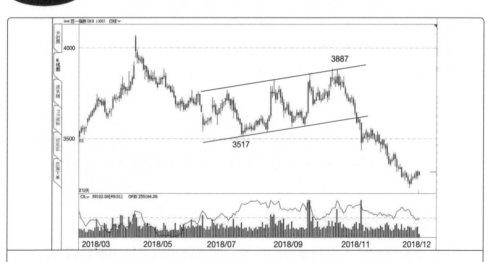

　🔼 在下降趨勢途中出現稍微向上傾斜的平行通道，通道內部的行情呈現寬幅震盪，最終市場向下突破，恢復下降趨勢。

圖2-35　滬鎳指數日線圖（2018年7月20日～2018年12月21日）

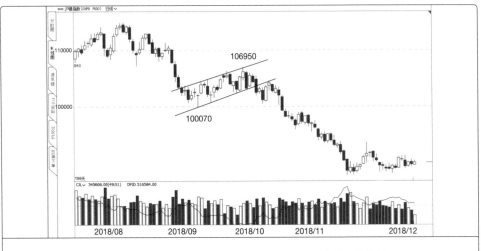

➔ 在下降趨勢途中出現向上傾斜的平行通道，最終市場向下突破，恢復下降趨勢。

圖2-36　CRB指數週線圖（2013年11月29日～2018年12月21日）

➔ 在長期大幅下降趨勢之後，出現稍微向上傾斜的平行通道，持續時間超過兩年，最後市場依然選擇向下突破。

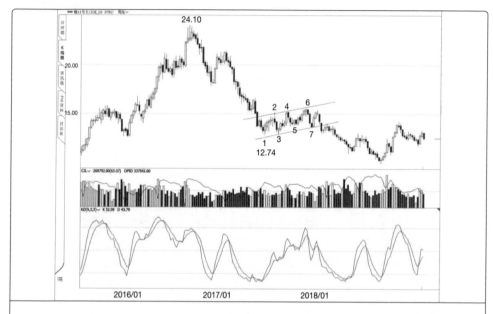

圖2-37　糖11號主週線圖（2015年9月4日～2019年1月25日）

↑ 在下降趨勢的途中出現向上傾斜的平行通道，過程中雖然創新高，但是新高不明顯，且隨後的下跌都超過前期漲幅的50%。最後市場向下突破，恢復下降趨勢。

通道的持續時間超過兩年，最終市場選擇向下突破，恢復向下趨勢。

形態完成：突破通道邊線

　　圖2-37是典型的向上傾斜平行通道。連接高點2和4得到壓力趨勢線，該線在高點6得到驗證；連接低點1和3得到支撐趨勢線，該線在低點7得到驗證。兩條趨勢線圍成向上傾斜的平行通道。

　　從點1到2是上升過程，從點2到3的回落過程幾乎回到低點1附近。從點3到4也是上升過程，高點4只比前一個高點2略高而已。從點4到5，回落幅度超過前一個漲幅的50%。點5到6再次上漲，點6略高於點4，但隨後回落到點7，而且低於前一個低點5。

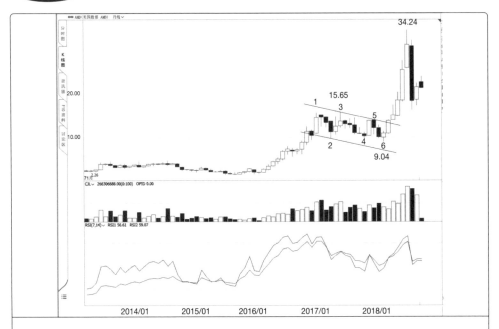

圖2-38　AMD 月線圖（2013 年 2 月～2018 年 12 月 4 日）

↑ 在上升趨勢途中出現向下傾斜的平行通道，過程中雖然創新低，但每次新低都不明顯，且隨後的上漲超過前期跌幅的 50%。最後市場向上突破，恢復上升趨勢。

　　平行通道不是上升趨勢，其技術分析的意義與矩形形態相似，通常屬於持續形態。

　　向上傾斜的平行通道通常出現在下降趨勢，且往往帶有向下的意味，最終大多會向下突破。舉例來說，圖 2-37 的平行通道稍微向上傾斜，它出現在明顯的下降趨勢途中，最終行情向下突破，恢復下降趨勢。

　　圖 2-38 是典型的向下傾斜平行通道，出現在上升趨勢途中。高點 1 確立形態開始時的上方基準，低點 2 確立形態開始時的下方基準。

　　高點 3 和 1 差不多，高點 5 僅稍微低於前兩者；低點 2、4、6 依次下降，但都不算明顯。每一次下跌後的上漲都回到前期跌幅的起點附近，可見這不是典型的下降趨勢。請注意，此處的兩條邊線不算是標準趨勢線，而是用來描述形態輪廓的輔助線。

為什麼向上傾斜的平行通道，反而帶有向下意味

矩形形態的兩條邊線呈現水平，不具有未來突破方向的傾向。矩形通常屬於持續形態，最終有效的突破訊號會符合原有趨勢方向。因此，在矩形演變過程中，與原有趨勢方向相反的突破大多不可信，往往是假突破訊號。

向上傾斜的平行通道發生在下降趨勢途中，最初看似矩形形態，但隨著時間推移，市場向上突破矩形的最高點，創出新高。不過這是假突破，後續行情未能有效保留創新高的成果，重新回落到矩形內部，且回落的幅度超過之前漲幅的 50%。這個過程重複數次，便形成平緩向上傾斜的平行通道。

同理，向下傾斜的平行通道發生在上升趨勢途中，最初看似矩形形態，但隨著時間推移，市場向下突破矩形的最低點，創下新低。這也是假突破，之後行情未能持續創新低，重新回升到矩形內部，且回升幅度超過之前跌幅的 50%。這個過程重複數次，便形成平緩向下傾斜的平行通道。

為什麼向上傾斜的平行通道，反而更有向下突破的傾向呢？原因和趨勢演變的過程有關。

在下降趨勢中，很多人能發現賣出訊號，等到市場進入盤整，他們已經累積一定的帳面獲利。但是，向上傾斜的平行通道逐漸侵蝕做空者的帳面獲利，讓他們備感威脅，於是寧願落袋為安，在平行通道中不斷買進平倉。等到市場最終向下突破時，這些人後悔自己沒有堅持看空，趕緊蜂擁而入重新賣空，於是強勁地推動行情下跌，幫助市場進入下一輪趨勢。

另一種情況是出現向下傾斜的平行通道，此時做空者的帳面獲利還會小幅增加，因此能堅守倉位，不會落袋為安。等到市場最終向下突破時，這些人會堅持繼續持有，不會蜂擁賣出，於是行情下跌的過程往往缺乏力道。

從上述討論可見，在下降趨勢途中，如果出現向上傾斜的平行通道（常見），一旦市場向下突破平行通道，將會順利展開新一輪下降趨勢。相反地，如果出現向下傾斜的平行通道（少見），之後的行情演變將更複雜漫長（見圖 2-39a、圖 2-39b 和 112 頁的圖 2-40a、圖 2-40b）。

同理，在上升趨勢途中，如果出現向下傾斜的平行通道（常見），一旦市場向上突破的平行通道，將會順利展開新一輪上升趨勢。相反地，如果出現向上傾斜的平行通道（少見），之後的行情演變將更複雜漫長。

圖2-39a　倫敦金月線圖（1997年2月～2016年3月）

↑ 黃金在 1999 年 8 月達到前一輪最低點 252 美元／盎司，之後慢慢築底抬升，最終演變為持續到 2011 年 9 月的大牛市，最高點為 1921 美元／盎司。形成下降三角形頭部反轉形態後，行情逆轉為下降趨勢。接下來，下降趨勢進入第二階段，高點 2、4、6 形成上方的趨勢線，低點 1、3、5、7 形成下方的趨勢線，兩者圍成向下傾斜的平行通道。在下降趨勢中，向下傾斜的平行通道不是理想的盤整過程，往往預示之後的行情演變會較複雜漫長。

圖2-39b　倫敦金月線圖（2007年6月～2019年2月1日）

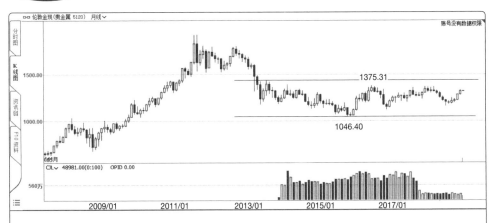

↑ 2016 年 4 月，黃金終於向上突破圖 2-39a 的平行通道，這個突破不符合下降趨勢的大方向，結果既沒有向上逆轉，也沒有順勢下跌，而是多空雙方角力，變成漫長的矩形形態。直到 2019 年 1 月底，市場都沒有走出矩形。

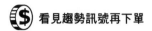
圖2-40a 美國國債5年月線圖（2007年5月～2019年1月30日）

⬆ 美國國債5年期期貨圖在2006年6月達到最低點103，並形成雙重底反轉形態，行情趨勢逆轉向上。之後，上升趨勢持續到2012年9月，達到最高點125，並形成頭部反轉形態，市場進入下降趨勢。2013年6月，行情進入向下傾斜的平行通道，直至2016年1月的長陽線向上突破。該突破不符合下降趨勢的大方向，結果也沒帶來實質性的向上反彈。

圖2-40b 美國國債5年月線圖（2007年5月～2019年1月30日）

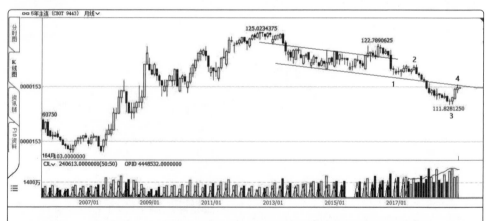

⬆ 接續圖2-40a，市場向上突破平行通道約10個月後，又重新回到平行通道內，在低點1得到平行通道下方趨勢線的支撐，再由低點1向上反彈到高點2。之後市場再次下挫，跌破下降趨勢線並到達低點3，再從低點3向上反彈到高點4。整體來看，市場圍繞原平行通道的下方趨勢線波動。這就是下降趨勢中的向下傾斜平行通道，之後的行情演變往往複雜漫長。

2-4 【楔形】代表在價位上守成有餘，但創新高的力道不足

　　圖 2-41a 比較上升趨勢（左圖）和楔形形態（右圖）。在上升趨勢中，新的高點強勁地向上創新高，後來的低點也比之前的低點明顯更高，既能不斷向上拓展，又可以守住大部分新的疆土。整體上，上升趨勢的行情生氣勃勃，明顯持續向上，而且不斷加速。

　　在楔形形態中，後來的低點明顯高於前一個低點，呈現不斷向上的走勢，但是新的高點不能明顯高於前一個高點。整體上，楔形形態是守成有餘，創新高不足。

圖2-41a 上升趨勢與楔形形態的比較

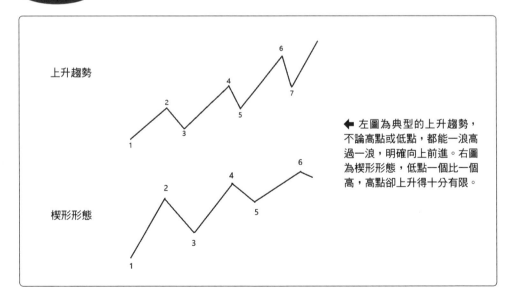

← 左圖為典型的上升趨勢，不論高點或低點，都能一浪高過一浪，明確向上前進。右圖為楔形形態，低點一個比一個高，高點卻上升得十分有限。

圖2-41b　上升趨勢與楔形形態的比較

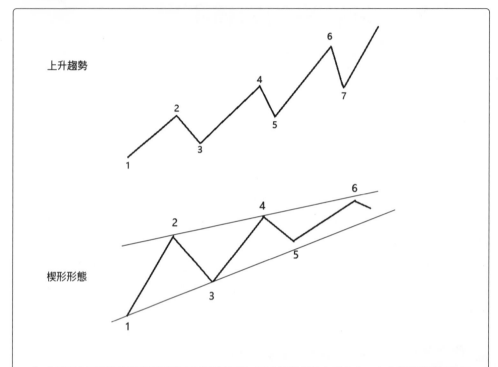

⬆ 右圖用上下兩條趨勢線描繪楔形形態的輪廓。下方趨勢線的上漲有力，上方趨勢線則較為平緩，兩條線互相靠攏，越走越近。

　　楔形形態的一連串高點與平行通道相似，一連串低點則與上升趨勢相似，兩者形成獨特的組合。

　　圖2-41b借用上下兩條趨勢線來描繪楔形的輪廓，上方的趨勢線較平緩，展示楔形形態的一系列高點不能有力地向上開拓；下方的趨勢線相對傾斜，展示楔形形態的一系列低點能維持上升格局。簡單來說，下方的趨勢線漲得快，上方的趨勢線漲得慢，兩者相互聚攏，最終會相交。

　　楔形形態兩條趨勢線的不同力度，表明多空雙方的力量對比。下方趨勢線比較傾斜，代表多頭一方比較執著，不斷向上衝擊；上方趨勢線比較和緩，代表空頭一方雖然不放棄打壓市場，但是且戰且退。雙方都沒有決定性優

圖2-42 美元指數週線圖（2015年10月30日～2019年1月4日）

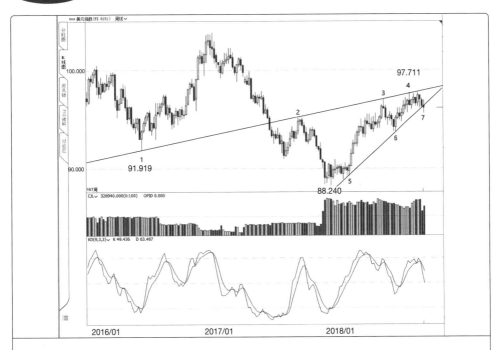

↑ 上方趨勢線較為平緩，下方趨勢線有力地向上推進，兩者共同圍成一個楔形形態。從最新行情來看，市場似乎正在向下突破。

勢，所以楔形形態的持續時間往往比較長。

　　楔形形態具有明確的傾向性，一般都是以向下突破作結。之所以把它放在持續形態的章節中介紹，是因為它與平行通道、三角形形態有些相似，可以對照來看。

　　在圖 2-42 中，低點 1 和高點 2 連接成第一條趨勢線，高點 3 和 4 驗證該線的壓力作用。點 1 是 2016 年 5 月，這條趨勢線的持續時間是 3 年半。

　　低點 5 和 6 連接成第二條趨勢線。第一條趨勢線位於上方，走勢平緩；第二條趨勢線位於下方，走勢強有力地向上推進，兩者圍成楔形形態。從點2（2017 年 10 月）算起，該形態的持續時間超過 1 年。

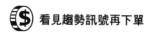

圖2-43　　活牛指數日線圖（2017年8月15日～2018年4月10日）

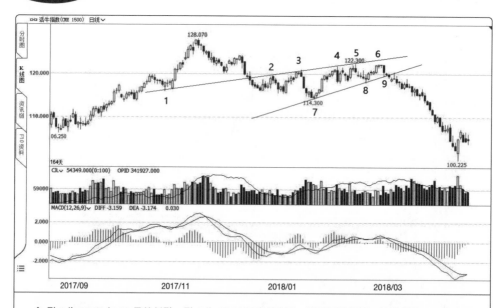

⬆ 點1為2017年10月的低點，點2為2017年底的高點，連接兩點得到一條趨勢線，在後來的高點3、4、5、6均得到驗證，發揮壓力作用。連接2018年1月的低點7和同年2月的低點8，得出第二條趨勢線，在點9得到驗證。兩條趨勢線圍成一個楔形形態，最終發生向下突破，因此屬於持續形態。

2-5 【旗形與三角旗形】行情急漲、急跌途中呈現短暫休整

　　在急速拉升或暴跌行情下，平行通道或三角形形態的持續時間極短，有時會演變為旗形或三角旗形形態（見圖 2-44）。

　　「旗形」的名稱來自於價格形態本身是「旗子」，價格形態之前和之後的行情幾乎都是直線式急漲急跌，成為「旗桿」。價格形態前後的旗桿往往在長度和斜率上都差不多，圖形具有一定的對稱性，使旗子變成「降半旗」的形狀，通常是行情急速演變過程中的短暫喘息。

圖2-44　旗形與三角旗形形態示意圖

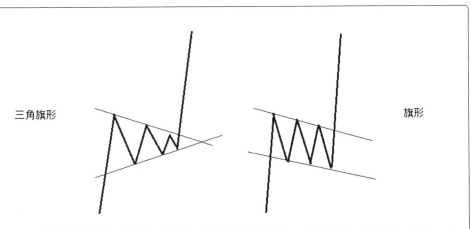

↑ 此形態的輪廓類似三角形或平行通道，但是持續時間很短，一般不超過 15 根 K 線。在形態出現之前，行情會急漲或急跌；在形態完成之後，行情以類似形式繼續急漲或急跌，因此圖型輪廓像是掛在旗桿半腰處的旗子。

圖2-45　韓國綜合日線圖（2018年7月12日～2019年2月11日）

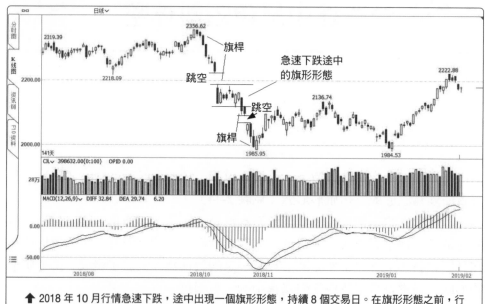

↑ 2018年10月行情急速下跌，途中出現一個旗形形態，持續8個交易日。在旗形形態之前，行情急速下跌，還出現一個較大的向下跳空，這是上半截旗杆。在旗形形態之後，行情急速下跌，並出現一個稍小的跳空，這是下半截旗杆。

　　旗形的持續時間短，一般在日線圖上不超過3週，也就是不超過15根K線。如果出現在下降趨勢途中，持續時間會更短。

　　隨著旗形形態發展，成交量會明顯縮小，等到恢復原有趨勢後再迸發出來。如果旗形傾斜向上或傾斜向下，價格突破方向通常會與旗形傾斜的方向相反，這一點與平行通道有異曲同工之妙。

　　旗形和三角旗形在急漲或急跌行情中較為常見。換句話說，急漲急跌行情雖然在整體上表現為單邊上漲或單邊下跌，但並非一蹴可及，往往會分兩個階段進行，兩個階段之間會經過短暫休整（見圖2-45）。

NOTE / / /

| 第 3 章 |

趨勢大轉彎？
洞悉「反轉」形態
抓準買賣點

3-1 要判斷形態是否反轉，前提是市場已經歷明顯的……

辨別持續形態與反轉形態

在前文提及的倒水實驗中，我們指出市場走勢總是快速漲跌和橫向盤整交替進行。

在趨勢演變過程中，行情有可能出現波動。如果波動的次數少、幅度小、持續時間短，市場整體上處於持續上漲或持續下跌。在這種情況下，投資者只須按照趨勢的既定方向做多或做空，持有倉位比較不容易動搖（見圖 3-1a 左圖的情形）。

相反地，如果行情波動的幅度較大、持續時間較長，會帶來不確定性，投資者對未來走勢會產生困惑（見圖 3-1a 右圖的情形）。

圖 3-1b（見 124 頁）展示，行情出現轉折點後，未來行情演變將面臨的3 種可能。

第一種可能是行情止跌回穩，經過一番波動，形成某類型的持續形態，最終向上突破，恢復原有上升趨勢。這種情形最常見（見圖 3-1b 的情形一），因為趨勢的基本特徵是持久，所以一般預期會恢復原方向。這種情形是第二章討論的內容。

第二種可能是行情止跌回穩，經過一番波動，形成某類型的反轉形態，最終向下突破，原有的上升趨勢結束，新的下降趨勢逐步展開。

在趨勢演變過程中，行情路徑通常會轉向好幾次，但經過或簡或繁的變化後，幾乎每一次都能恢復原有趨勢，直到最後一次轉向，才帶出真正的趨勢逆轉，使原有趨勢終結，新趨勢逐步上演。因此，第二種情形比較少見（見

圖3-1a　以上升趨勢為例討論反轉形態

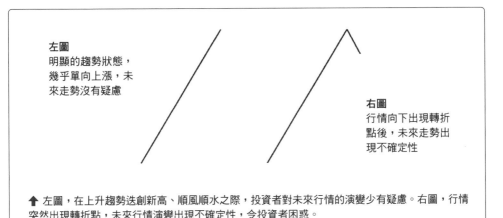

左圖
明顯的趨勢狀態，
幾乎單向上漲，未
來走勢沒有疑慮

右圖
行情向下出現轉折
點後，未來走勢出
現不確定性

↑ 左圖，在上升趨勢迭創新高、順風順水之際，投資者對未來行情的演變少有疑慮。右圖，行情
突然出現轉折點，未來行情演變出現不確定性，令投資者困惑。

圖 3-1b 的情形二），是相對有序的演變過程，投資者有較多機會追隨趨勢
變化。這種情形是本章將介紹的反轉價格形態。

　　第三種可能性是行情不斷下跌，途中幾乎沒有波動，形成 V 形反轉。
原有的上升趨勢結束，新的下降趨勢進展太快，行情幾乎回到原有上升趨勢
的起點。遇到此情形，投資者大多反應不及，紙上富貴一朝化為泡影。而且，
投資者往往在上升趨勢的中途進場，最後不但沒有獲利，反而有所虧損。

　　這種情形十分極端、相當罕見（見圖 3-1b 的情形三）。V 形反轉不是
一個過程，是一瞬間發生，當中的技術線索少、行情變化快，投資者沒有太
多機會做反應，所以風險很大。本章的最後將介紹這類型反轉。

　　一般來說，行情出現轉折點後，會進入橫向盤整，即圖 3-1b 的情形一
和情形二。橫向盤整的過程就像一團迷霧，讓投資者看不清方向。技術分析
將橫向盤整的過程劃分為兩大類型：持續性質和反轉性質，就是為了在市場
進入橫盤狀態時，可以盡力根據各種技術線索，判斷它屬於哪一種性質，以
採取適當的應對措施。

　　如此一來，在跟蹤趨勢的過程中，投資者在行情持續上漲或下跌時無需
多慮，只要在行情轉入橫盤狀態後，緊盯其演變特徵，盡快區分出持續形態

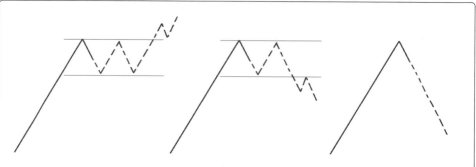

圖3-1b 趨勢演變的3種可能性

情形一：形成某種持續形態
這是最常見的情形，行情先止跌回穩，再拉升，反覆幾次後，最終向上突破，恢復原趨勢

情形二：形成某種反轉形態
這是較少見的情形，行情先止跌回穩，再拉升，反覆幾次後，最終向下突破，使原趨勢終結，新趨勢逐步展開

情形三：形成 V 形反轉
這是最罕見的情形，行情下跌快速，途中幾乎沒有大波動，使原趨勢終結，行情幾乎返回原點

⬆ 本圖實線部分與圖 3-1a 的右圖一致，虛線部分代表後續行情走勢的 3 種可能性。幸運的是，情形一最常見；情形二是上升趨勢的最後階段，較少見；情形三屬於極端情形，難得一見。

或反轉形態，以排除或確認逆轉的可能性。

從圖 3-1b 來看，市場出現轉折點後，既可能形成持續形態，也可能形成反轉形態。有些人認為，反轉形態不一定導致原趨勢結束，有可能只是深幅調整，最終還是能恢復原來的趨勢。請注意，本書的反轉形態是指原有趨勢結束，而不是引發深幅調整的反轉形態，理由如下。

首先，在趨勢演變過程中，大幅度價格回調通常發生在趨勢演變的第二階段，而趨勢第二階段的基本特徵是行情來回反覆。

其次，趨勢演變的第二階段通常不會有持續上漲或下跌的過程，而且趨勢第一階段和第二階段累積的漲幅或跌幅不會太大，即使發生較大比例的回調，與實際價格也沒有多大差距。在第二階段檢驗趨勢是否依然存在的根據，是第二階段的低點（上升趨勢中）或高點（下降趨勢中），有沒有挑戰第一階段底部的低點（上升趨勢中）或頭部的高點（下降趨勢中）。

再次，研究持續形態和反轉形態的目的，是要捕捉最終的趨勢反轉。既

然趨勢第二階段不太可能快速推進，就不是我們主要關心的部分。真正研究的重點是趨勢第三階段，此時才可能發生快速推進和趨勢終結的重大變化。

最後，如果很難分辨趨勢演變的階段，但是在反轉形態之前存在大幅度趨勢變化，而且在反轉形態後確實發生深幅調整，那麼這種深幅調整並不是調整，而是原趨勢終結，新趨勢展開。換言之，反轉形態就是原有趨勢的終結，之後的行情將按照新篇章譜寫。

確認反轉形態的前提條件

根據前文的討論，判斷反轉形態的前提條件是：之前市場已經歷了明顯的上升或下降過程，要麼幅度夠大，要麼持續時間夠久，要不然兩者兼備。反轉形態的作用是逆轉原有趨勢，如果之前不存在明顯的趨勢，當然就談不上反轉。（所謂「明顯」是指一般人都能一眼看出，不需要專家用放大鏡仔細搜尋。）

趨勢的基本特徵是持久，一般來說，越是明顯的上漲和下跌過程，越表明當前趨勢強而有力，而非當前趨勢已經上漲或下跌得太多太久。換句話說，市場不會只因為上漲或下跌得太多太久，就自動發生行情逆轉。傑西・李佛摩（Jesse Livermore）說：「絕不會因為漲得太多而不能買進，跌得太多而不能賣出。」

在追蹤趨勢的過程中，投資者不能隨意猜測市場反轉，在判斷當前趨勢終結時，必須慎之又慎。因此，確認反轉形態時，除了上述前提條件之外，我們還希望出現以下特徵。

在圖 3-2（見 126 頁）中，恒生指數從 8331 點上升到 31958 點的過程清晰呈現趨勢演變的 3 階段：第一階段是低點 8331 前後的底部反轉；第二階段是兩條價格水平線之間的橫向盤整，市場波動次數少且幅度小；第三階段是向上突破價格水平線後，持續上漲。

如果趨勢演變沒有清晰呈現 3 階段的特徵，至少在最後階段會出現超越常態的持續大幅拉升或下挫，說明新趨勢已經悄悄展開。

在圖 3-3 中（見 126 頁），上升趨勢的持續時間和上漲幅度都十分驚人，完全符合「明顯」的前提條件。雖然很難從上升趨勢的演變過程清楚辨識 3

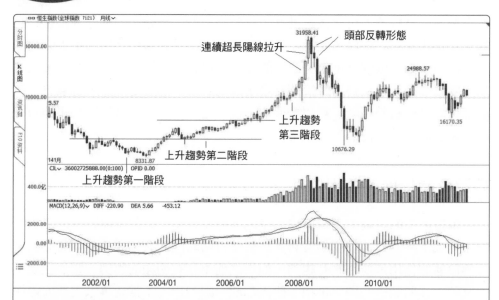

圖3-2 恒生指數月線圖（2000年7月～2012年3月）

↑ 分析反轉形態的目的是識別趨勢反轉。要發生趨勢反轉，之前必須存在明顯的趨勢過程。本圖的上升趨勢呈現完整的3個階段：底部反轉的第一階段；來回振盪的第二階段，波動次數少且幅度小；持續上升的第三階段。

圖3-3 美原油指數月線圖（1997年4月～2010年11月）

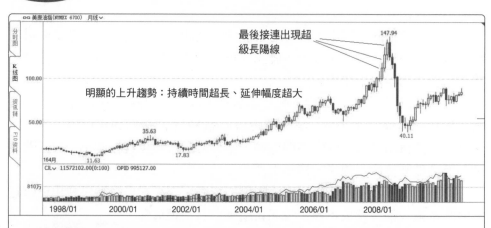

↑ 原油價格從1998年12月的每桶11美元多，上漲到2009年7月的每桶147美元多，這個上升趨勢十分明顯，持續時間達11年，上漲幅度約13倍。更引人注目的是，在該上升趨勢的最後階段，連續出現3根超級長陽線，這並非表示趨勢強勁，而是新趨勢已經展開。

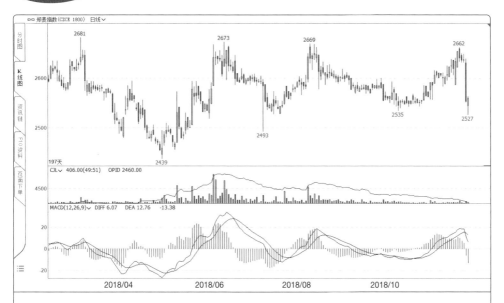

圖3-4 鄭麥指數日線圖（2018年2月2日～2018年11月27日）

⬆ 本圖最高點為 2681，最低點為 2439，波動幅度不足 10%；左側始自 2018 年 2 月，右側截至 2018 年 12 月，持續時間將近一年。這是典型的橫向趨勢，圖上的轉折點形似反轉形態，其實根本談不上反轉。

個階段，但在上升趨勢的最後階段接連出現超級長陽線，說明新趨勢已經展開。一旦具備這些條件，形成反轉形態的時機就成熟了。

圖 3-4 呈現明顯的橫向趨勢特徵，總體波幅不大，漲跌莫衷一是。沒有趨勢，便談不上反轉形態。因此，雖然從外形上可以找到反轉形態的輪廓，但其實只是假象，不存在真正的反轉形態。

3-2 【頭肩頂（底）】趨勢轉向的徵兆，在於突破波谷（波峰）連成的趨勢線

頭肩頂的基本特點

　　頭肩形頭部反轉形態可以簡稱為「頭肩頂」，大致由 3 個波峰組成，中間的波峰明顯較高，是頭部；兩邊的波峰較低且往往具有對稱性，是兩肩（見圖 3-5a）。歸類為反轉形態，是因為頭肩頂出現前，行情處在明顯的上升趨勢中，經過頭肩頂的過渡後，行情從上升趨勢逆轉為下降趨勢。

　　如圖 3-5b 的箭頭所示，頭肩頂出現之前，甚至在頭肩頂的前半部，行情具有更高的波峰、更高的波谷，符合上升趨勢的定義。不僅如此，頭肩形之前的上升趨勢應符合反轉形態的前提條件，也就是處在加速過程的末期，接連出現超級長陽線，表明上升趨勢成熟，其反轉的種子已經發芽。

　　連接上升趨勢的波谷拉出上升趨勢線，一般來說，在頭肩頂出現之前或其前半部，行情曲線能維持在該趨勢線以上，甚至可能加速形成新的上升趨勢線。在頭肩頂的後半部，該趨勢線被向下跌破，發出警告訊號，表明趨勢加速已結束。

形態完成：突破頸線

　　從左肩到頭部，波峰依次上升，符合上升趨勢的定義。雖然後期接連出現超級長陽線，但那只是警告訊號，不構成直接的趨勢反轉訊號。

　　從頭部到右肩，波峰依次下降，部分符合下降趨勢的定義。右肩無法向上挑戰頭部的高度，在不斷加速的上升趨勢中，出現這種不協調的走勢，當

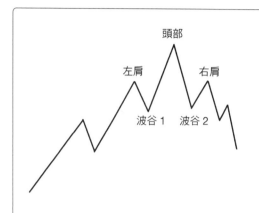

圖3-5a　頭肩頂示意圖

頭部

左肩　　　　右肩

波谷 1　波谷 2

← 頭肩頂由 3 個波峰組成，中間的峰明顯高於兩側的峰，稱為頭部；兩側的峰具有對稱性，稱為兩肩。左肩和頭部之間形成一個波谷，頭部和右肩之間形成另一個波谷。

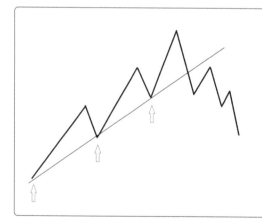

圖3-5b　頭肩頂之前的波動情況

← 在頭肩頂的頭部出現之前，行情演變形成依次升高的波峰和波谷，符合上升趨勢定義，而且最後明顯加速上升，接連留下超級長陽線。連接上述波谷可畫出效果良好的上升趨勢線，當行情開始從頭部回落，通常會先跌破這條趨勢線，發出警告訊號。

然會令人不安。聊以安慰的是，市場有可能因為前期上漲過快，而進入橫向趨勢，形成上一章討論的持續形態，之後再度恢復上升趨勢。

　　在兩肩形成後，頭肩頂內部留下兩個波谷，連接它們拉出一條趨勢線，就是頭肩頂的頸線。頭肩頂的頸線通常是水平線，或向上稍微傾斜；頭肩底的頸線通常是水平線，或向下稍微傾斜。偶爾也會出現向下傾斜的頭肩頂頸

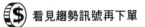

圖3-5c 頭肩形頭部反轉過程

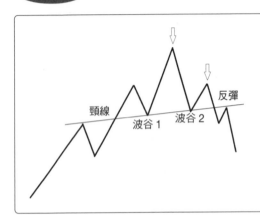

◄ 在頭肩頂的後半部分,頭部和右肩形成依次降低的峰。連接頭肩形內部的兩個波谷可以拉出一條趨勢線,稱為頸線。該線的斜率通常比較小,因而比較重要。

圖3-5d 頭肩頂的頸線

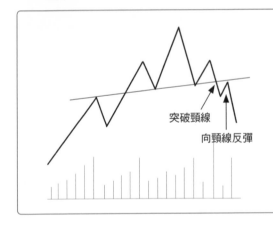

◄ 當行情最終向下突破頸線時,通常幅度較大、交易激烈。之後行情往往會朝頸線向上反彈,此時幅度較小,成交量明顯萎縮。

線,和向上傾斜的頭肩底頸線。

見圖 3-5c,頸線是重要的趨勢線,由於其斜率較低,一旦市場向下突破頸線,通常會形成比頭部與右肩之間波谷還要低的新低點。如此一來,頭部到右肩形成更低的高點,向下突破頸線形成更低的低點,滿足下降趨勢的定義。於是,下降趨勢形成,完成頭肩頂形態。

見圖 3-5d,行情向下突破頸線時,經常是在一個時間單位內大幅下滑,

且伴隨巨大成交量，顯示多空雙方激烈交鋒。此時無論持有多大的倉位，幾乎都能順利買進賣出，可見這樣的突破不同尋常。

市場以巨量大幅向下突破頸線後，頭肩頂正式宣告完成。在多數情況下，行情將緊接著向上反彈，重新回到頸線下方，但是很難有效向上突破頸線、回到頭肩頂區域。我們稱這個動作為「反彈」，它有兩個特點：一是相較於向下突破頸線的大波動，此時波動幅度比較小；二是相較於向下突破頸線的巨量，此時成交量明顯縮小。

頭肩頂演變過程中的成交量變化

在頭肩頂的演變過程中，成交量具有重要參考價值。

圖 3-5e（見 132 頁）展示成交量在頭肩頂演變過程中的典型變化模式，我們用數字標明波段，其中奇數代表上升波段，偶數代表下降波段。以下按照時間順序逐步說明。

頭肩頂出現之前，行情處在正常的上升趨勢中。市場上漲時，成交量放大；市場回落時，成交量減少。波段 1、3 上漲，伴隨成交量放大；波段 2、4 回落，成交量減少。

之後，推動頭部形成的上升波段出現，行情強勁地向上推進，明顯創出新高，且往往產生超級長陽線。與此同時，成交量雖然維持在較高水準，但沒有明顯放大。波段 5 顯示市場在頭部大幅上漲，但成交量沒有明顯放大。

行情從頭部回落時，在一般上升趨勢中，成交量應該快速收縮，但此時成交量不減反增，如波段 6 所示。不僅如此，頭部右側的回落（頭肩頂內部的第二個波谷）幾乎回到頭部左側加速上升的起點（頭肩頂內部的第一個波谷），未能守住一般的 50% 回調位置，甚至可能跌破上升趨勢線。

接下來，市場再次上漲（波段 7），形成右肩的高點。這一次上漲的高點，明顯不及頭部的高點，而且成交量大幅收縮，顯示右肩的上漲已經喪失人氣。

以上接連出現好幾個令人不安的警告訊號，但都不是決定性的趨勢反轉訊號。事實上，到此為止，市場仍然有機會繼續橫向盤整，形成某種持續形態。

圖3-5e　頭肩頂演變過程中的成交量變化

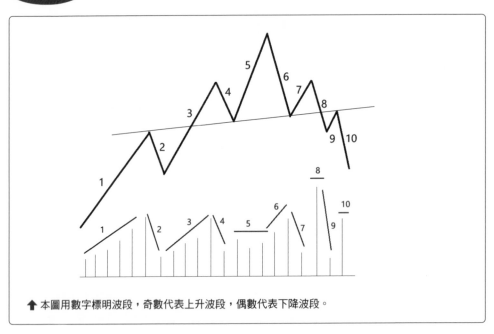

⬆ 本圖用數字標明波段，奇數代表上升波段，偶數代表下降波段。

　　然而，接下來市場從右肩下跌時（波段8），成交量明顯放大，行情向下跌破頭肩頂的頸線。頭部、右肩及向下突破頸線，組成更低的高點、更低的低點，根據趨勢定義，下降趨勢形成。此時，向下突破頸線不再是警告訊號，而是趨勢反轉的有效訊號。相反地，如果市場始終未能向下突破頸線，再多的警告訊號都不能構成有效訊號。

　　由於市場向下突破頸線的波動幅度過大，在多數情況下，市場都會向上反彈（波段9），回到頸線下方，甚至嘗試突破頸線，但是往往無力重回頸線上方。波段9的成交量明顯萎縮，當市場再次恢復下跌時，速度加快、成交量放大（波段10）。

反彈之後是新趨勢的第二階段

　　從圖3-5a到圖3-5e的一系列示例圖來看，頭肩頂向下突破完成、行情

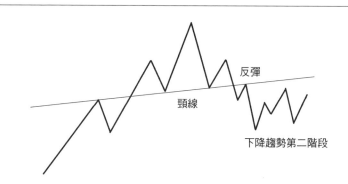

圖3-5f　頭肩頂之後下降趨勢的第二階段

頸線

反彈

下降趨勢第二階段

↑ 頭肩頂完成後，市場進入下降趨勢的第二階段。此時通常不會持續大幅下跌，而是長時間橫向盤整，投資者不可操之過急，更不能誤以為上升趨勢死灰復燃。

反彈失敗後，接下來市場似乎會持續下跌。事實上，頭肩頂的本意是宣告下降趨勢形成，雖然下降趨勢的進程傾向更快，波動遠少於上升趨勢，但在整體上依然具備 3 階段特徵。

　　頭肩頂是下降趨勢的第一階段，完成趨勢反轉；下降趨勢的第二階段主要表現為橫向盤整，投資者需要有耐心，不可操之過急，更不能誤以為上升趨勢死灰復燃（見圖 3-5f）。

頭肩底

　　頭肩底與頭肩頂的方向相反，而道理一致（見 134 頁圖 3-6）。後面將詳細討論頭部反轉形態與底部反轉形態的區別，這裡要強調的是，在行情向上突破頸線時，成交量不再是輔助訊號，而是具有重要意義。

　　不僅如此，當市場向頸線反彈回落，再恢復上漲時，成交量應持續放大。不同於下降趨勢不強調成交量的配合，上升趨勢要在成交量持續放大的前提下，才能延續和發展。

　　上升趨勢需要成交量持續放大，下降趨勢則不需要，因為市場像是受到重力作用影響，上升時需要額外的助力，下降時則毫不費力。成交量反映投

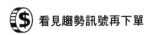

圖3-6　頭肩底示意圖

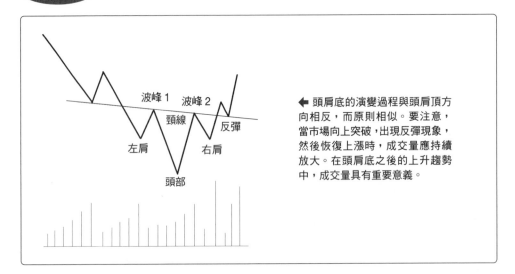

← 頭肩底的演變過程與頭肩頂方向相反，而原則相似。要注意，當市場向上突破，出現反彈現象，然後恢復上漲時，成交量應持續放大。在頭肩底之後的上升趨勢中，成交量具有重要意義。

圖3-7a　育肥牛指數日線圖（2017年9月28日～2018年9月19日）

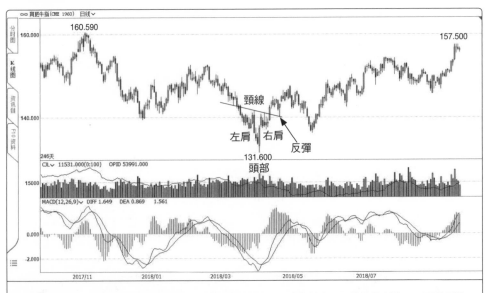

↑ 圖中標出一個清晰可辨的頭肩底，在反轉形態之前的下降趨勢中，行情從最高點160下降到最低點131；在之後的上升趨勢中，行情上漲到最高點157。其左肩和右肩基本上對稱，頸線稍微向下傾斜。

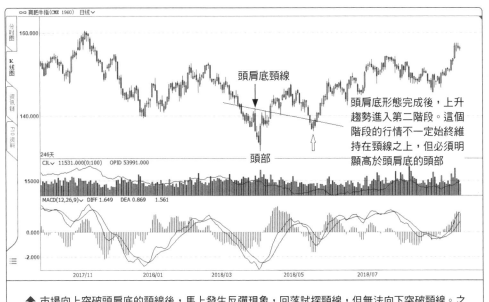

圖3-7b　育肥牛指數日線圖（2017年9月28日～2018年9月19日）

頭肩底頸線

頭肩底形態完成後，上升趨勢進入第二階段。這個階段的行情不一定始終維持在頸線之上，但必須明顯高於頭肩底的頭部

頭部

↑ 市場向上突破頭肩底的頸線後，馬上發生反彈現象，回落試探頸線，但無法向下突破頸線。之後，上升趨勢進入第二階段，行情軌跡呈現為比較複雜的橫向盤整，不一定能一直維持在頸線上方。儘管如此，第二階段的低點仍明顯高於頭肩底的頭部。

資者的交易意願，當成交量越大，參與行情的積極性越高，行情得到的助力越大。

　　圖 3-7a 是日線圖，有一個頭肩底形態的實例。頭肩底之前是明顯的下降趨勢，之後是明顯的上升趨勢。頭肩底的左肩、頭部、右肩、頸線、頸線突破、反彈等都相當清晰。

　　值得注意的是，頭肩底是上升趨勢第一階段，當市場剛剛向上突破頸線，並發生反彈現象時，通常不應該向下突破頸線。不過，之後的第二階段主要表現為橫向盤整，隨著時間推移，市場往往不能一直維持在頸線之上，有時候可能會跌破頸線，圖 3-7b 揭示這種情形。即便如此，趨勢第二階段的低點，必須明顯高於頭肩底的頭部，即趨勢第一階段的最低點。

　　頭肩底之前的下降趨勢，以及之後的上升趨勢，都不具備顯著的 3 階段特點，尤其是之後的上升趨勢很不典型。把這兩段行情放到週線圖的大背景

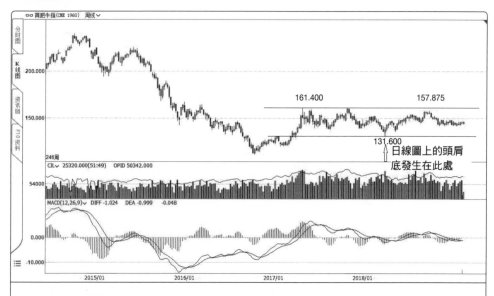

圖3-7c 育肥牛指數週線圖（2014年6月13日～2019年2月20日）

↑ 圖3-7a 和圖3-7b 的頭肩底發生在低點131。從週線圖上可以看出，兩條水平直線標出一個矩形形態，在131 低點之前的下降趨勢、低點之後的上升趨勢，分別是矩形形態的兩個波段，因此趨勢性特徵不太典型。

上觀察（見136頁圖3-7c），會發現它們都處在巨大矩形的範圍內，是矩形內部的兩個波段。

頭肩形的變形

頭肩形可能會發生變形，例如：頭部從一個波峰變成兩個波峰；左肩延長，或右肩延長，兩肩的對稱性減弱（見圖3-8a、圖3-8b、138頁圖3-8c）。儘管發生變形，前文對頭肩形的分析依然適用。

圖3-8a　德 DAX 指數月線圖（2012 年 2 月～2018 年 12 月 27 日）

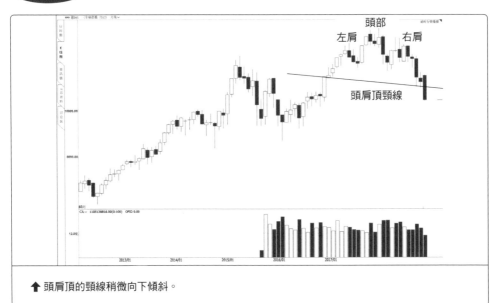

↑ 頭肩頂的頸線稍微向下傾斜。

圖3-8b　KOSPI200 指數週線圖（2016 年 4 月 8 日～2019 年 1 月 4 日）

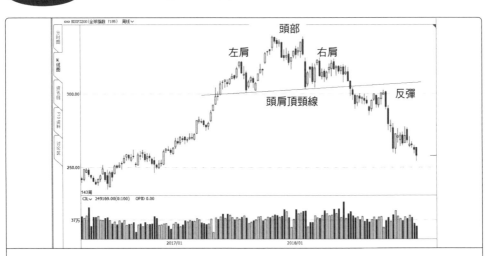

↑ 頭肩頂的頭部是雙頭，且右肩比左肩寬。然而，頭肩形的整體輪廓清晰，頸線略向上傾斜，市場向下突破頸線後出現反彈現象，這些特徵都符合典型的頭肩頂形態。

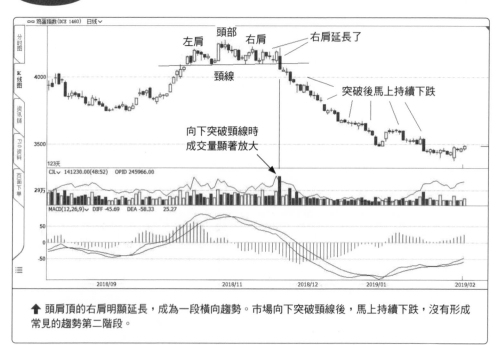

圖3-8c 雞蛋指數日線圖（2018年8月9日～2019年2月14日）

↑ 頭肩頂的右肩明顯延長，成為一段橫向趨勢。市場向下突破頸線後，馬上持續下跌，沒有形成常見的趨勢第二階段。

頭肩形不可設定價格目標

在圖 3-9a 中，頭肩頂之前存在明顯的上升趨勢，而且前期的 15090 不是上升趨勢的最低點，但是光從這裡算起，到最高點 19040，上漲幅度已經超過 26％。不僅如此，在上漲過程的最後階段接連出現超級長陽線，滿足反轉形態的前提條件。

從波動幅度上來看，圖 3-9a 的左右兩肩差不多：左肩最高點 17875、最低點 17025，相差 850；右肩最高點 18210、最低點 17245，相差 965。從持續時間來看，左右兩肩也差不多：左肩持續 6 個交易日，頭部持續 4 個交易日，右肩持續 8 個交易日。

在左肩前後，行情上漲則成交量放大，行情回落則成交量縮小。在頭部左側，行情上漲時，成交量維持在較高水準，沒有明顯放大。在頭部右側，

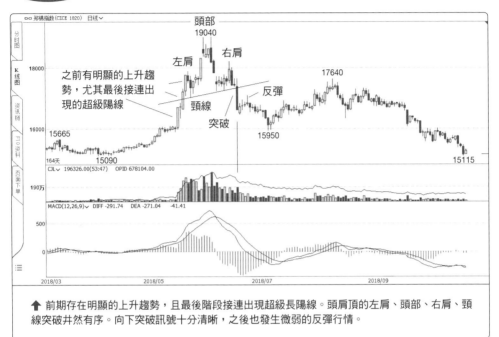

圖3-9a　鄭棉指數日線圖（2018年2月28日～2018年10月30日）

↑ 前期存在明顯的上升趨勢，且最後階段接連出現超級長陽線。頭肩頂的左肩、頭部、右肩、頸線突破井然有序。向下突破訊號十分清晰，之後也發生微弱的反彈行情。

行情下跌時，成交量放大。在右肩前後，行情上漲時，成交量維持不變；行情下跌時，成交量有所增加。在右肩之後，市場向下突破頸線，突破訊號是一根難得一見的長陰線，並伴隨較大的成交量，但不是巨量。

　　頭肩形從頭部到頸線的垂直距離被稱為「頭肩形的高度」。在圖3-9a 中，頭部最高點為 19040，在最高點的垂直位置上，頸線的價格為 17179，因此該頭肩形的高度為 1861。

　　有人認為頭肩形有價格目標：在市場向下突破頸線後，從突破點向下垂直量出頭肩形的高度，可以得到頭肩形的價格目標。以圖 3-9a 為例，頸線被向下突破的價格是 17367，減去頭肩形高度 1861，價格目標是 15506。

　　若你同意這個價格目標，在圖 3-9a 的頭肩頂形成不久後，市場便達到低點 15950，幾乎符合價格目標。若你不滿足，就要熬過下降趨勢的第二階段，等市場進入下降趨勢第三階段，下跌比較順利，很容易見到 15500 左右

圖3-9b　鄭棉指數日線圖（2018年2月28日～2018年10月30日）

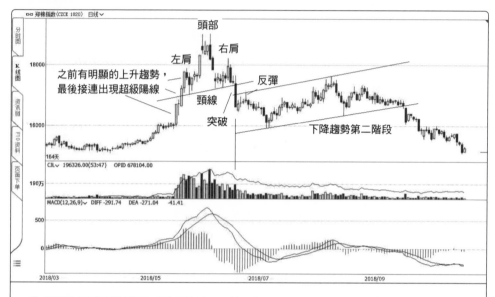

⬆ 頭肩形有價格目標嗎？既然新趨勢產生，就不宜設定價格目標。以頭肩頂來說，它是下降趨勢的第一階段，之後行情進入下降趨勢的第二階段，通常不會持續下跌。本圖中，下降趨勢的第二階段是向上傾斜的平行通道。

的價格。此時，你可能認為圖右側的最低點15115是更合適的價格目標。

其實，上述過程犯了猜測底部的常見錯誤，都不是正確的做法。

市場走過頭肩頂之後，進入下降趨勢第二階段，一般不會緊接著持續下跌，而是展開較複雜的橫向盤整。在這個案例中，頭肩頂之後市場進入為期約3個月的橫向盤整，形成向上傾斜的平行通道（見圖3-9b）。

本書反對為反轉形態設定價格目標，有兩個理由。

以頭肩頂來說，第一個理由是，前期上升趨勢的重要價格水平或百分比回調線，更適合用來猜測價格目標，例如50%回調位置。

在圖3-9a的日線圖上，2018年5月18日行情進入頸線以上，頭肩頂從這裡開始，直到6月19日行情向下突破頸線。在圖3-9c的月線圖上，上述頭肩頂被壓縮在2018年5月和6月的兩根K線之內。

圖3-9c　鄭棉指數月線圖（2015年3月～2019年2月15日）

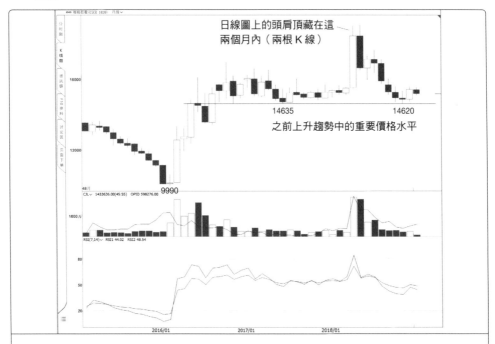

日線圖上的頭肩頂藏在這
兩個月內（兩根 K 線）

14635　　　　14620

之前上升趨勢中的重要價格水平

9990

⬆ 需要計算頭肩形的價格目標嗎？本書認為這個價格目標，不比前期上升趨勢中的重要價格水平更有參考價值。

　　月線圖壓縮頭肩頂，但能更清楚地展示前期上升趨勢。該上升趨勢從 2016 年 3 月的 9990 開始，途中經歷 19 個月以上的橫向盤整，留下重要的價格水平 14635。在頭肩頂之後的下降趨勢，圖 3-9c 中已到達的最低點是 14620，重回上述的重要價格水平。

　　第二個更重要的理由是，既然頭肩形是反轉形態，會導致新趨勢誕生，我們就應遵循一條基本原則來分析：趨勢是活的，不應設定價格目標。

　　回到圖 3-9c，儘管 14635 的價格水平可以當作參考，仍不可作為頭肩頂的價格目標。從當前行情演變（本圖最右側）來看，除非出現底部反轉形態，且完成向上突破，否則當前下降趨勢的價格目標都是未知數。追蹤趨勢的紀律不允許我們猜測底部，除非已是既成事實。

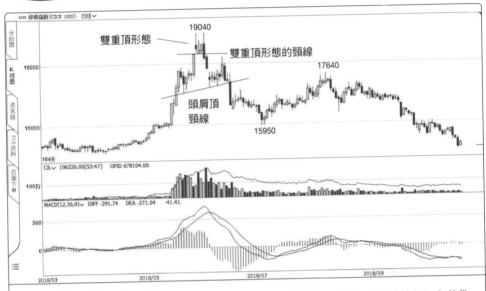

圖3-9d 鄭棉指數日線圖（2018年2月28日～2018年10月30日）

↑ 市場向下突破頭肩頂的頸線時，價格為 17367，從最高點 19040 算起，相當於付出 8.8% 的代價。這個頭肩頂的頭部包含一個小型的雙重頂形態，其頸線位於 18320，從最高點算起，相當於付出 3.8% 的代價。

頸線突破訊號 vs. 頭部內包含的反轉訊號

前文中一再強調，頭肩形必須以市場突破頸線為決定性訊號，而且必須事後定論，不能事前猜測。

從圖 3-9d 來看，頭肩頂頸線被向下突破的價格是 17367，頭部最高點是 19040，兩者相差 1673，相當於從最高點下跌 8.8%。

這個頭肩頂的頭部包含一個小型的雙重頂形態，持續 4 個交易日。其頸線位於 18320，距離最高點 19040 相差 720，相當於從最高點下跌 3.8%。若以這個雙重頂作為市場轉向的訊號，就可以避免 5% 的下跌。

這揭示技術分析的兩難處境：更快做出決斷，付出的代價較小，但是出錯機率更高；更慢做出決斷，付出的代價較大，但是出錯機率更低。技術分析說到底是一場機率遊戲，只能由投資者自己做選擇。

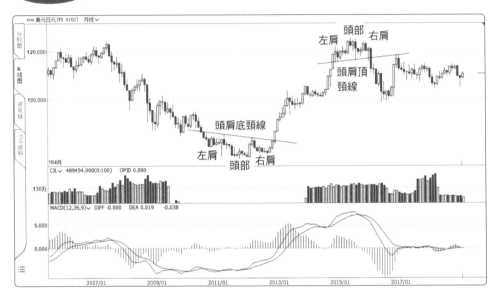

圖3-10　美元兌日元月線圖（2005年7月29日〜2019年2月26日）

頭肩形的出現頻率高，要從趨勢全貌來理解

　　頭肩形很常見，圖 3-10 既有一個頭肩底，又有一個頭肩頂，可見出現頻率相當高。不僅如此，頭肩形展現趨勢逐步逆轉的過程，一步一步發出從弱到強的技術訊號，前半部是原趨勢減速，後半部是新趨勢加速，中間的技術訊號比較多，能讓投資者做好心理準備。而且，趨勢反轉的突破訊號比較清晰，安排交易相對容易。

　　不過，如同圖 3-9 系列所示，有時候頭肩形的頭部與頸線突破訊號相距較遠。換句話說，行情發出突破訊號時，已距離頭部最高點相當遠的距離，為了得到頭肩形的趨勢反轉訊號，可能要付出更多代價來等待。

　　從上述討論來看，技術訊號越穩妥，則等待的代價越高，而反之亦然。

　　頭肩形的外形特點鮮明、容易辨認，因此人們經常以為發現頭肩形形態。實際上，大多只是形似，並非真正的頭肩形形態。

　　圖 3-11（見 144 頁）出現一個頭肩底的輪廓，左肩、頭部、右肩、頸線都清晰可辨。在這之前有下跌過程，但幅度過小，不符合反轉形態的前提條

圖3-11　美元指數日線圖（2018年7月20日～2019年2月15日）

⬆ 頭肩形的輪廓特色鮮明，容易對號入座。然而，光有外形是不夠的，形似頭肩形，不一定就有頭肩形的技術分析意義。

件。事實上，圖3-11整體上屬於橫向趨勢，包含明顯的上下波動，但不存在有意義的反轉形態。最後，市場向上突破頸線時，並未發生趨勢性變化，這裡的頸線沒有多大意義。

　　這個案例告訴我們，既然反轉形態終結舊趨勢、開啟新趨勢，我們一定要從趨勢發生、發展、完結的完整演化過程，來理解反轉形態。再者，要從新舊趨勢的交替來理解反轉形態，雖然兩者方向相反，但它們互為因果、相互轉化，因此我們要理解並辨認反轉形態承先啟後的轉折意義。

　　要記住，價格形態不是孤立的輪廓，價格形態分析不只是識別形狀。

3-3 【三重頂（底）】頸線明顯傾斜時，透過最低（最高）波谷取得突破訊號

三重頂的基本特點

如果頭肩形的頭部不突出，而是與左肩、右肩差不多高度，3 個波峰並列，就稱為三重頂或三重底反轉形態。在圖 3-12a 中，3 個波峰的高度不相上下，上升趨勢「一鼓作氣、再而衰、三而竭」，3 次猛烈上漲耗盡能量，完成趨勢逆轉的過程。

由於演變過程和技術訊號的相似度很高，三重頂和三重底似乎可視為頭肩形的變形。如圖 3-12b（見 146 頁）所示，在三重頂的形成過程中，同樣是先出現上升趨勢線被向下突破、代表趨勢加速已結束的警告訊號。

圖3-12a　三重頂示意圖

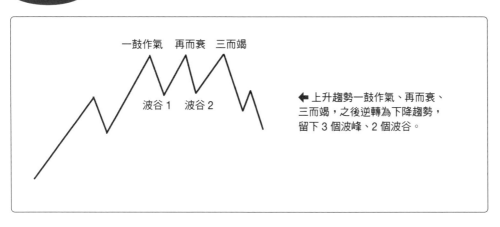

一鼓作氣　再而衰　三而竭

波谷 1　波谷 2

← 上升趨勢一鼓作氣、再而衰、三而竭，之後逆轉為下降趨勢，留下 3 個波峰、2 個波谷。

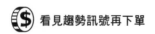
圖3-12b　三重頂與頭肩形的關係

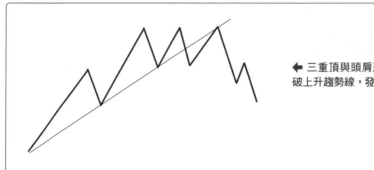

◀ 三重頂與頭肩形類似，先跌破上升趨勢線，發出警告訊號。

圖3-12c　三重頂頭部的特點

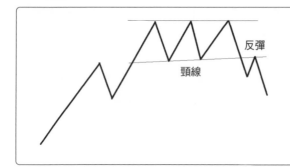

◀ 三重頂在整體上屬於頭部橫向趨勢。連接兩個波谷，得到一條趨勢線，即三重頂的頸線。通常其斜率較小，因此比較重要。

　　三重頂的警告訊號很明顯，因為中間的峰無法向上突破前一個高點，行情顯得更疲弱（見圖 3-12c）。相較之下，頭肩頂中間的峰能延續前期上升趨勢不斷創新高的路線，即使行情從頭部回落也不奇怪，警告訊號不明顯。

　　三重頂之間的兩次回落形成兩個波谷，連接兩點所得的趨勢線是三重頂的頸線。市場向下突破頸線後，三重頂形態完成，趨勢逆轉，下降趨勢形成。之後往往會出現向上重新試探頸線的反彈現象，但走勢通常淺嘗輒止，不能突破頸線，然後市場再度掉頭下跌，創下新低。

　　在三重頂（見圖 3-12d）的形成過程中，成交量具有重要參考價值。市場進入三重頂之前，行情上升則成交量放大，行情回落則成交量迅速縮小，符合上升趨勢的一般情況。當市場進入三重頂的第一個波峰，成交量明顯放

3-12d　三重頂的成交量演變過程與頭肩頂類似

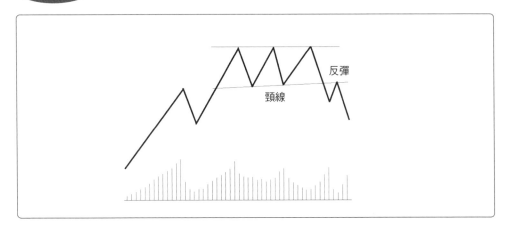

大，但是從第一個波峰回落時，成交量卻沒有明顯減少。

後來，市場從第一個波谷回升，高度與第一個波峰差不多，成交量卻沒有放大，這是第一個警告訊號。市場從第二個波峰回落時，跌破上升趨勢線且伴隨成交量放大，這是第二個警告訊號。

當市場從第二個波谷回升，這一次成交量明顯減少。市場從第三個波峰回落時，下跌速度快且成交量放大，通常會強勁地向下突破頸線，形成決定性的趨勢反轉訊號。最後發生反彈現象時，成交量顯著減少。

三重頂頸線的斜率

以下針對三重頂頸線斜率的討論，對頭肩形也適用。

三重頂的兩個波谷不一定位在同一價格水平上，若兩者高度差距不大，則頸線斜率不明顯，不必刻意考慮。

在大多數情況下，第二個波谷會明顯高於第一個波谷，導致三重頂頸線向上傾斜。此時突破訊號會出現得比較早，在交易上比較有利（見 148 頁圖 3-12e 中向上傾斜的頸線，和相應的突破訊號 1）。不過，即使行情向下突破頸線，也不一定會創下新低（突破訊號 1 的價位高於波谷 2），如果採信這個突破訊號，就沒有嚴格遵守趨勢定義，這樣的投資決策比較激進。

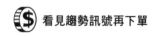

3-12e 三重頂的頸線斜率有 3 種情形

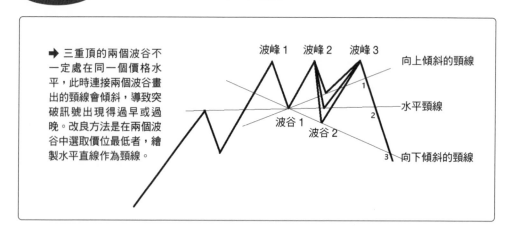

➡ 三重頂的兩個波谷不一定處在同一個價格水平,此時連接兩個波谷畫出的頸線會傾斜,導致突破訊號出現得過早或過晚。改良方法是在兩個波谷中選取價位最低者,繪製水平直線作為頸線。

波峰 1　波峰 2　波峰 3

向上傾斜的頸線

水平頸線

波谷 1
波谷 2

向下傾斜的頸線

有時候,第二個波谷與第一個波谷的高度差不多,三重頂的頸線呈現水平。此時突破訊號出現的時機適中(見圖 3-12e 的水平頸線,和相應的突破訊號 2),行情突破頸線時,一定會同時創下新低,符合趨勢定義。

在少數情況下,第二個波谷會明顯低於第一個波谷,導致三重頂頸線向下傾斜。當行情向下突破頸線時,訊號出現得太晚,比較不利於交易(見圖 3-12e 中向下傾斜的頸線,和相應的突破訊號 3)。事實上,市場在突破訊號出現前已經創下新低(即低於波谷 2)。

根據上述討論,當頭肩頂和三重頂的兩個波谷高度明顯不同時,我們可以改良畫出頸線的方式,也就是選擇價位較低的波谷,從該點繪製水平直線(價格水平線)來當作頸線。這樣得到的突破訊號符合趨勢定義,時機比較適中。

按照這種方法,在圖 3-12e 中,當第二個波谷較高時,從波谷 1 繪製水平直線,得出的頸線與第二種情況大致相同。當第二個波谷較低時,從波谷 2 繪製水平直線,得出的頸線低於第二種情況,但仍然比向下傾斜的頸線有利(見圖 3-12f)。

圖 3-13 的三重頂頸線稍微向上傾斜,這種情形常見。波峰 1 和波峰 3 的高度差不多,波峰 2 略低,凸顯出三重頂的橫向盤整特徵。波峰 1 的左側行情上升時,成交量持續放大,屬於上升趨勢的正常表現,但行情從波峰 1

3-12f　以波谷中較低者繪製水平線作為頸線

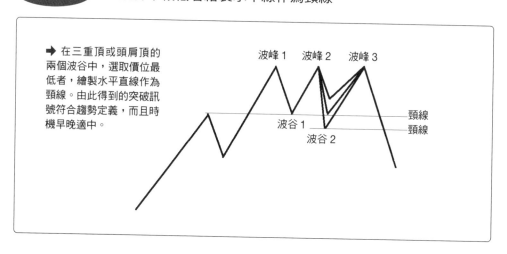

➡ 在三重頂或頭肩頂的兩個波谷中，選取價位最低者，繪製水平直線作為頸線。由此得到的突破訊號符合趨勢定義，而且時機早晚適中。

圖3-13　鄭醇指數日線圖（2018年2月5日～2019年2月14日）

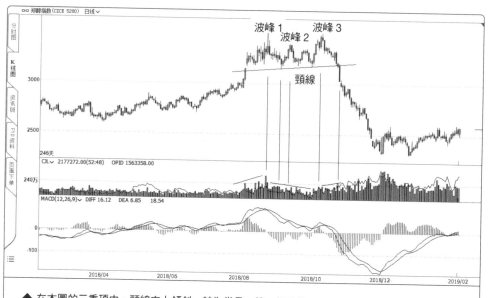

➡ 在本圖的三重頂中，頸線向上傾斜，較為常見。第二個波峰偏弱，但符合橫向趨勢的屬性。成交量的變化很有參考價值，當市場向下突破頸線時，行情走勢果斷，成交量放大。

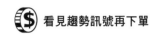

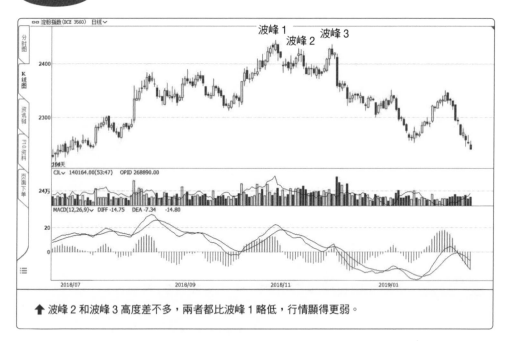

圖3-14a 澱粉指數日線圖（2018年6月21日～2019年2月22日）

↑ 波峰2和波峰3高度差不多，兩者都比波峰1略低，行情顯得更弱。

向下回落時，成交量沒有顯著減少。

此後直到波峰3，成交量都處於下降狀態，符合橫向趨勢的基本特徵，這可能是因為波峰2偏弱，沒有引起波瀾。當市場從波峰3下跌時，成交量逐步增加，市場跌破頸線的過程相當果斷，成交量在突破頸線時明顯放大。

在圖3-14a的三重頂中，後兩個波峰略低，顯示行情較弱。從圖3-14b來看，由於兩個波谷依次下降，常規的頸線向下傾斜，突破訊號出現得較晚。圖3-14c比較常規頸線和改良的水平頸線，可看出水平頸線的突破訊號比向下傾斜的頸線出現得更早，時機比較適中。

圖3-14d（見152頁）顯示成交量配合三重頂的演變過程，為我們提供有價值的技術分析線索。

圖3-14b　澱粉指數日線圖（2018年6月21日～2019年2月22日）

↑ 兩個波谷依次下降，導致三重頂的頸線向下傾斜。

圖3-14c　澱粉指數日線圖（2018年6月21日～2019年2月22日）

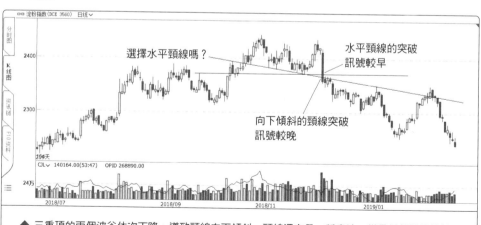

↑ 三重頂的兩個波谷依次下降，導致頸線向下傾斜。頸線還有另一種畫法：從最低的波谷繪製水平直線，作為水平頸線。其突破訊號比向下傾斜的頸線出現得更早，可能對交易更有利。假如是頸線向上傾斜的情況，也可以從最低的波谷繪製水平直線當作頸線。其突破訊號比向上傾斜的頸線出現得晚，但符合下降趨勢的定義，因此更保守一些。

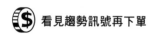

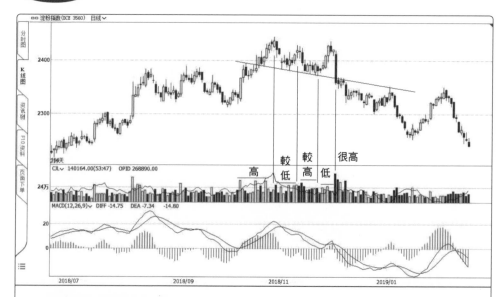

圖3-14d 澱粉指數日線圖（2018年6月21日～2019年2月22日）

↑本圖的成交量變化較為典型。在波峰1左側行情中，成交量維持高位，是上升趨勢的正常表現。在市場從波峰1回落，再上升形成波峰2的過程中，成交量降低。當市場從波峰2回落時，成交量高於波峰1的回落。當市場從波谷2再次回升時，成交量明顯下降到低位。當市場從波峰3下跌，果斷向下突破頸線時，成交量立即變得很高。

三重頂的變形

　　三重頂形態有多種變形，最糟糕、最不利的變形是第三個波峰創出新高，如圖3-15a所示。當上升趨勢中出現向上突破，很像是要展開下一波行情，不像是要形成三重頂的最後一個波峰。根據投資紀律，我們不能隨意猜測這是三重頂的最後一個波峰，只能以不變應萬變，謹守技術分析的操作要領。當市場符合上升趨勢的要件，就按照其要領操作。

　　當市場向下跌破圖3-15b所示的上升趨勢線，我們得到警告訊號。當行情進一步向下跌破三重頂的頸線，三重頂形態完成，趨勢發生逆轉，此時要按照下降趨勢的要領操作。換句話說，在市場真正跌破三重頂的頸線之前，絕不能貿然猜測行情的頭部已經出現。

圖3-15a　　美原油指數週線圖（2016年10月8日～2019年2月22日）

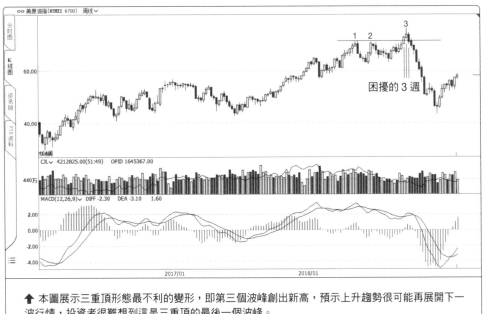

　↑ 本圖展示三重頂形態最不利的變形，即第三個波峰創出新高，預示上升趨勢很可能再展開下一波行情，投資者很難想到這是三重頂的最後一個波峰。

圖3-15b　　美原油指數週線圖（2016年10月8日～2019年2月22日）

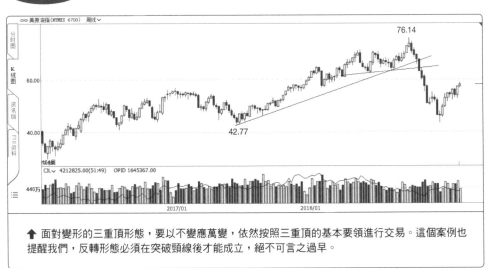

　↑ 面對變形的三重頂形態，要以不變應萬變，依然按照三重頂的基本要領進行交易。這個案例也提醒我們，反轉形態必須在突破頸線後才能成立，絕不可言之過早。

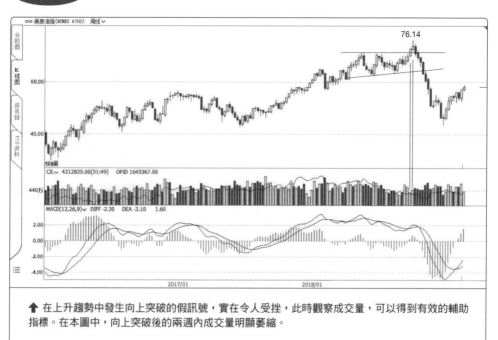

圖3-15c 美原油指數週線圖（2016年10月8日～2019年2月22日）

↑ 在上升趨勢中發生向上突破的假訊號，實在令人受挫，此時觀察成交量，可以得到有效的輔助指標。在本圖中，向上突破後的兩週內成交量明顯萎縮。

在遭遇圖 3-15a 這類重大困惑時，什麼樣的技術分析的線索，可以幫助我們早一點分辨突破訊號的真偽呢？

成交量可以當作輔助指標。在圖 3-15c 中，行情向上突破的當週成交量大幅萎縮，第二週成交量雖有上升，但交易仍不活躍。我們也可以參考 K 線形態，向上突破的前後 3 週，K 線構成向下反轉的基本形態，且第二週的 K 線是長上影線、短實體的流星線，本身就含有反轉訊號。

此外，有效的線索還有 3 個。第 1 個，第三週行情跌回波峰 1 和波峰 2 的價格水平之下，表示兩週前的向上突破很可能是假突破。第 2 個，如圖 3-15b 所示，行情向下跌破顯著的上升趨勢線，揭示行情可能有變化。

第 3 個，行情向下突破三重頂的頸線。如果行情停留在波峰 1、波峰 2 之下，但維持在頸線之上，就屬於橫向盤整行情，上升趨勢仍有機會死灰復燃，不過一旦跌破頸線，上升趨勢成為過眼雲煙，下降趨勢已經產生。

3-16　三重底示意圖

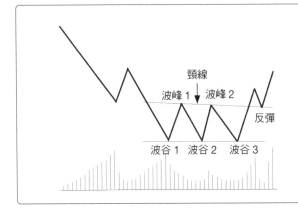

頸線
波峰 1　波峰 2
反彈
波谷 1　波谷 2　波谷 3

← 下降趨勢一鼓作氣、再而衰、三而竭，逆轉為上升趨勢，留下 3 個波谷、2 個波峰，連接波峰可以得到三重底的頸線。當市場決定性地向上突破頸線，且伴隨明顯放大的成交量時，三重底形態完成。

三重底

　　三重底有 3 個波谷，差不多處在同一水平上。連接波谷之間的兩個波峰，拉出的趨勢線稱為頸線。頸線通常斜率不大，當市場決定性向上突破頸線後，三重底形態完成，形成新的上升趨勢。

　　在三重底的演變過程中，成交量不再只是輔助指標，而是重要指標。在三重底形成過程中，成交量應呈現逐步收縮，越往後的交易越清淡。當市場向上突破頸線時，成交量應明顯上升。在反彈過程中，成交量應明顯縮小。當市場再度恢復上漲時，成交量會放大（見圖 3-16）。

　　在圖 3-17（見 156 頁）的三重底中，波谷 1 和波谷 2 幾乎齊平，波谷 3 稍高。兩個波峰依次降低，形成向下傾斜的頸線。三重底的行情波動幅度逐步收窄，是底部反轉形態的典型特徵。

　　圖 3-18（見 156 頁）的三重底似乎有 4 個波谷，前三個價格水平差不多，第四個略高。其頸線稍微向下傾斜，從整體來看，三重底的行情波動幅度逐步收窄。

　　俗話說「事不過三」，在大多數情況下，尤其是頭部反轉形態，行情波動呈現為「一而再、再而三」，可是底部反轉的過程往往漫長而曲折，事不過三的經驗法則並不適用，再四乃至再五、再六都有可能。

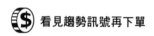

圖3-17 英鎊兌美元週線圖（2014年9月19日～2018年6月22日）

➦ 波谷1和波谷2差不多位在同一水平，波谷3略高，頸線呈現較常見的向下傾斜，當市場決定性地向上突破頸線，三重底完成。請注意，在三重底的形成過程中，行情波動幅度傾向逐步收窄。

圖3-18 螺紋指數日線圖（2018年6月22日～2019年2月22日）

➦ 本圖的三重底似乎有4個波谷，而不是3個。前三個波谷的價格水平差不多，第四個略高，使頸線略向下傾斜。從整體來看，三重底的行情波動幅度逐步收窄。

3-4 【雙重頂（底）】市場只試探兩次，觀察成交量變化是關鍵

雙重頂的基本特點

顧名思義，雙重頂形態有兩個波峰，之間有一個波谷。在波峰 1，上升趨勢看起來進展順利，當行情從波峰 1 回落，似乎沒有任何頭部反轉的跡象。

波峰 2 之後情況陡然生變。從波峰 2 開始的回落行情跌破之前的上升趨勢線，發出警告訊號（見 158 頁圖 3-19b）。此後，市場並未停在波峰 1 和波谷的範圍內，而是明確跌破雙重頂的頸線（見 158 頁圖 3-19c）。此時雙重頂才露出真面目，上升趨勢逆轉為下降趨勢。

在雙重頂的波峰 1 之前，價格上漲則成交量放大，價格回落則成交量萎縮，屬於上升趨勢的正常表現。之後，當市場從波峰 1 下跌到波谷，成交量

圖3-19a　雙重頂示意圖

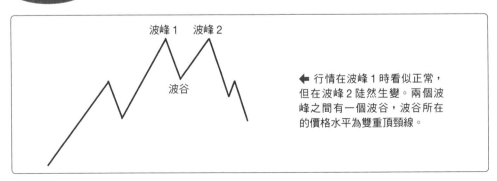

波峰 1　波峰 2

波谷

← 行情在波峰 1 時看似正常，但在波峰 2 陡然生變。兩個波峰之間有一個波谷，波谷所在的價格水平為雙重頂頸線。

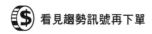

圖3-19b 雙重頂的第一個警告訊號

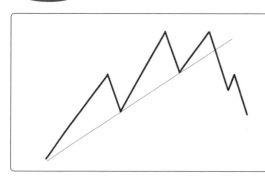

◄ 雙重頂的第一個警告訊號，是行情從波峰 2 回落時，跌破之前的上升趨勢線。

圖3-19c 雙重頂的頸線

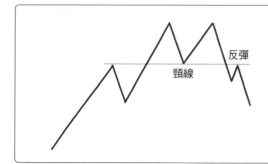

反彈

頸線

◄ 輪廓與雙重頂相似的行情軌跡太多了，直到行情決定性地跌破頸線時，才能確認雙重頂形態形成。之後通常會出現反彈現象，伴隨成交量明顯減少，且行情不能向上突破頸線。

3-19d 雙重頂形成過程中的成交量變化

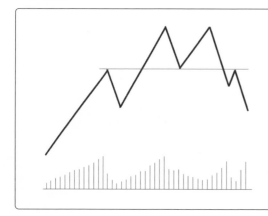

◄ 在雙重頂的形成過程中，成交量是有效的輔助指標。

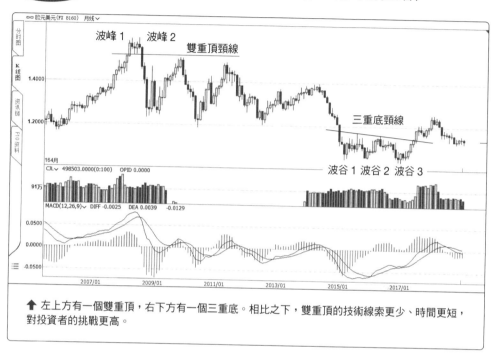

圖3-20　歐元兌美元月線圖（2005年7月29日～2019年2月26日）

↑ 左上方有一個雙重頂，右下方有一個三重底。相比之下，雙重頂的技術線索更少、時間更短，對投資者的挑戰更高。

沒有快速減少；當市場從波谷回升到波峰 2，成交量不增反減。這種情況已不屬於上升趨勢，而是橫向趨勢的表現。此外，波峰 1 和波峰 2 的高度差不多，沒有給出清晰的上升趨勢訊號（見圖 3-19d）。

　　當市場從波峰 2 下跌，成交量節節上升；當市場跌破頸線，成交量進一步放大。之後市場回升到頸線下方，也就是反彈現象，此時成交量急劇減少。等到市場恢復下跌時，成交量重新回升到較高水準。

　　在三重頂形態中，市場三度向上試探，提供較多技術分析線索，留給我們更多準備時間。在雙重頂形態中，市場只向上試探兩次，提供較少技術分析線索，留給我們更少時間準備。因此，追蹤分析雙重頂的挑戰性更大。

　　圖 3-20 左上方的雙重頂，波峰 1 和波峰 2 的高度差不多，持續時間為 5 個多月。當市場決定性地跌破頸線，趨勢反轉完成，之後沒有發生反彈現象。頸線的角色從支撐轉為壓力，在之後兩年多始終發揮顯著的壓力作用。遺憾

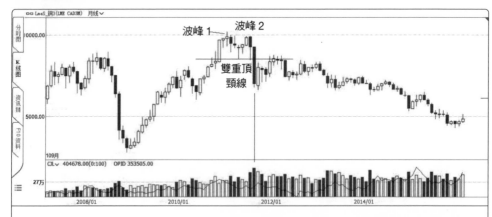

圖3-21 LmeS_銅3月線圖（2007年3月～2016年3月）

↑ 波峰2低於波峰1，顯示市場無力挑戰波峰1，已稍微顯出疲軟。之後，市場以一根大陰線有力地跌破頸線，同時成交量明顯放大，形成典型的突破訊號。接下來，雖然市場再次反彈到頸線位置，但始終未能重回頸線之上。

的是，外匯市場沒有直接的成交量資料，無法對照行情與成交量。

圖3-20的右下角還有一個三重底，3個波谷處在差不多的水平上，頸線略向下傾斜。請注意，這個三重底的持續時間遠遠超過雙重頂。

雙重頂的變形

雙重頂的兩個波峰高度可能差不多，也可能有差距。如果前一個波峰高於後一個波峰，表示第二波峰攻頂失敗，上升趨勢轉弱。這是趨勢可能發生轉變的徵兆，是比較容易判斷的情況（見圖3-21）。

如果雙重頂的後一個波峰高於前一個波峰，表示第二個波峰創出新高，上升趨勢正在延續，是比較難判斷的情況，帶給投資者嚴重困擾。

圖3-22（見161頁）的波峰2高於波峰1，行情在上升趨勢中創新高，是再正常不過的現象，一般不會想到雙重頂形態。當市場從新高回落到波峰1的水平之下，發出一個警告訊號，顯示之前的向上突破可能是假突破。

圖3-22　M-道瓊主日線圖（2018年4月13日～2018年10月31日）

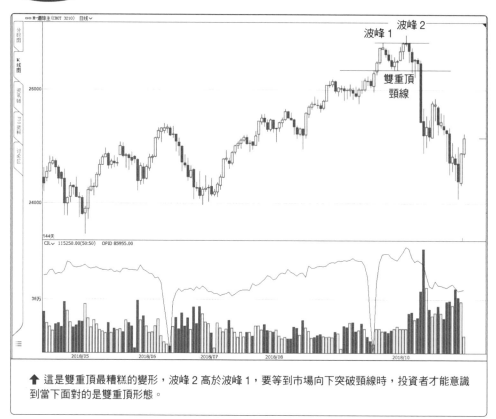

↑ 這是雙重頂最糟糕的變形，波峰2高於波峰1，要等到市場向下突破頸線時，投資者才能意識到當下面對的是雙重頂形態。

　　但這個證據並不充分，因為根據上升趨勢的定義，從波峰2回落的低點只要高於波峰1和波峰2之間的波谷就沒關係（見162頁圖3-23）。要等到市場向下突破頸線的一刻，才能夠真相大白，確認這是貨真價實的雙重頂形態。

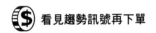

3-23　失敗的雙重頂形態

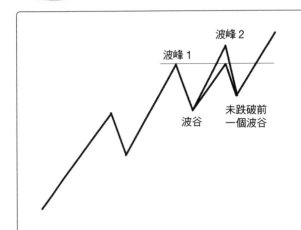

波峰 2

波峰 1

波谷

未跌破前
一個波谷

◄ 行情必須突破頸線，才能確認反轉形態完成，切不可言之過早。在本圖中，無論波峰 2 與波峰 1 的位置同高，或是波峰 2 高於波峰 1，在波峰 2 之後的下降行情中，只要市場未能跌破波峰 1 和 2 之間的波谷，雙重頂就不能成立。此時，一旦市場再度向上突破波峰 2，則上升趨勢恢復，波峰 1 和波峰 2 成為「失敗的雙重頂形態」。

雙重底

　　顧名思義，雙重底有兩個明顯的波谷，且兩者的價格水平差不多。波谷之間有一個波峰，從波峰拉出的價格水平線是雙重底的頸線（見圖 3-24）。

　　在底部反轉過程中，成交量具有重要意義。當市場向上突破頸線，成交量應明顯放大。在反彈現象發生後，市場再度恢復上漲時，成交量應進一步放大。沒有放大的成交量配合，底部反轉形態的有效性將大打折扣。

　　典型的底部反轉形態往往持續較長時間，但是圖 3-25 的雙重底只持續 7 個交易日。這或許是因為在雙重底出現之前，市場已經進入探底過程，行情從急跌轉為緩降，且波動幅度越來越窄。雙重底的波谷 2 略高於波谷 1，透露出市場下跌乏力。市場向上突破雙重底頸線後，成交量沒有馬上放大，而是在之後的上漲過程中逐步放大。

　　圖 3-26（見 164 頁）先有一個雙重頂，再有一個雙重底，可見這種反轉形態較為常見。先看雙重頂，波峰 2 低於波峰 1，提前透露出市場上漲乏力。之後，行情從波峰 2 下跌，留下一個向下跳空，是很有價值的技術訊號。有效的價格跳空通常不能回補，市場以一根長陰線強勁地跌破頸線，完成雙重頂形態。

3-24 雙重底示意圖

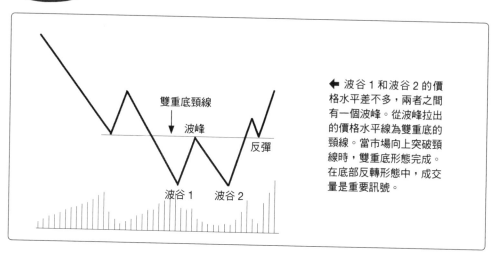

← 波谷 1 和波谷 2 的價格水平差不多，兩者之間有一個波峰。從波峰拉出的價格水平線為雙重底的頸線。當市場向上突破頸線時，雙重底形態完成。在底部反轉形態中，成交量是重要訊號。

圖3-25 瀝青指數日線圖（2018年7月25日～2019年2月22日）

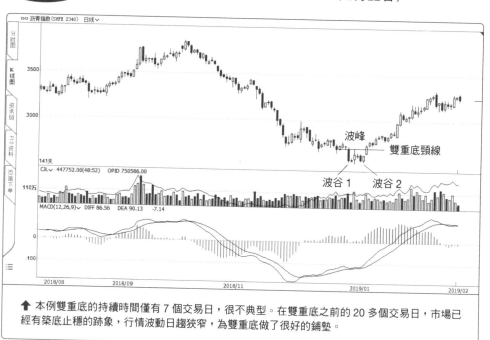

↑ 本例雙重底的持續時間僅有 7 個交易日，很不典型。在雙重底之前的 20 多個交易日，市場已經有築底止穩的跡象，行情波動日趨狹窄，為雙重底做了很好的鋪墊。

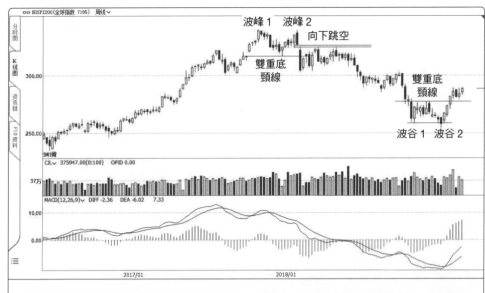

圖3-26　KOSPI200週線圖（2016年6月10日～2019年2月22日）

↑ 雙重頂的頸線被突破後，市場回升到頸線之上、跳空之下。雖然行情回到頸線之上，但未能回補跳空，所以不違反下降趨勢的定義。實際上，向下跳空也是有效的突破訊號，而且它所在的價格水平往往比較重要。至於雙重底，其波谷2低於波谷1，是比較棘手的情況。

　　請注意，當市場向頸線反彈時，沒有停留在頸線下方，而是向上突破頸線，達到上述價格跳空的下邊緣，但始終無法進一步回升到跳空內部，證明向下跳空的有效性。這個案例很精彩，讓我們知道不能依樣畫葫蘆地對照價格形態，而是要切實掌握趨勢分析工具，才能深入理解價格形態，並在運用上保持適當的靈活性。

　　在右側的雙重底中，波谷2低於波谷1，是令技術分析者困惑的變形。所幸，行情向下超越波谷1的幅度不大，且在同一根週線內，當週收盤價差不多拉回到波谷1的水平時，下一週開盤價更回升到該水平之上。當行情向上突破頸線時，成交量明顯持續放大，有效佐證行情突破頸線的決定性變化。

3-5 【圓形底（頂）】低（高）點連成圓弧形，末端形成小平台

圓形底的基本特點

　　從頭肩形、三重頂（底）再到雙重頂（底），趨勢逆轉的過程越來越快速。相較之下，本節介紹的圓形底（頂）則是完全放慢下來，需要經過相當長時間的醞釀。

　　圓形底從行情下跌開始，先是減緩下跌速度，進入橫向盤整，再從橫向盤整轉為緩緩上升，在圓形底的右上角形成短暫的橫向小平台，最終伴隨明顯放大的成交量向上拉升，脫離圓形底所在區域，完成反轉形態（見圖 3-27a、166 頁圖 3-27b）。

3-27a　　圓形底的形成過程

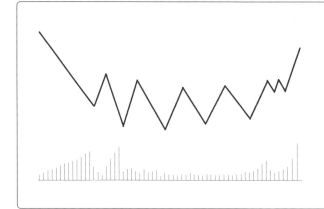

← 圓形底是從行情下跌開始，轉為緩慢下跌，接著是橫向盤整，再轉為緩慢上漲，最終完成反轉形態。在圓形底的演變過程中，行情波動幅度通常會逐步收窄，成交量也逐步收縮到低量。在最後向上突破時，成交量會明顯放大。

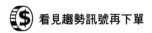

3-27b 圓形底示意圖

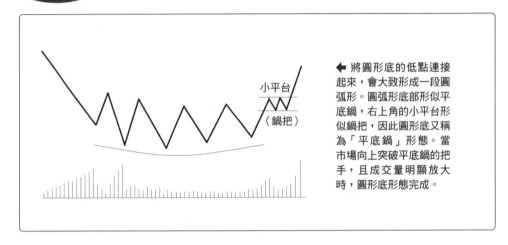

← 將圓形底的低點連接起來，會大致形成一段圓弧形。圓弧形底部形似平底鍋，右上角的小平台形似鍋把，因此圓形底又稱為「平底鍋」形態。當市場向上突破平底鍋的把手，且成交量明顯放大時，圓形底形態完成。

圖3-28 LmeS_鉛3日線圖（2017年11月6日～2019年2月22日）

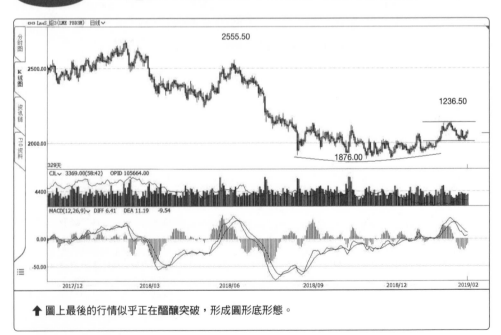

↑ 圖上最後的行情似乎正在醞釀突破，形成圓形底形態。

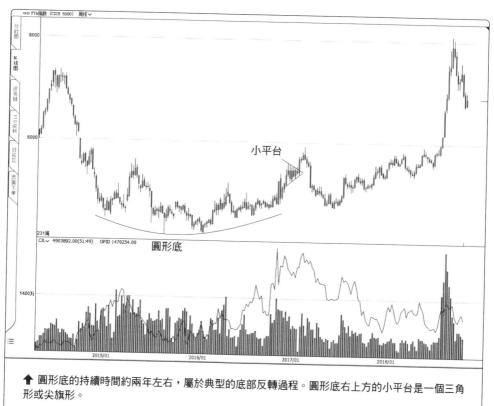

圖3-29　PTA週線圖（2014年5月9日～2018年10月31日）

↑ 圓形底的持續時間約兩年左右，屬於典型的底部反轉過程。圓形底右上方的小平台是一個三角形或尖旗形。

　　圖3-28似乎正在醞釀一個圓形底。在弧線開始之處，下降趨勢的進程如火如荼。在進入弧線後，下降趨勢的力度明顯減弱，中途發生一次幅度較大的震盪，成交量也明顯放大，這是圓形底形態偶爾會發生的情況。

　　之後，行情波動越趨平淡且幅度收窄，成交量降低，最右側的行情似乎正在形成圓形底的把手平台。雖然這個案例在輪廓上形似圓形底，但必須等到有效的向上突破訊號出現，才能證實這的確是圓形底形態。

　　圖3-29已證實是圓形底形態，持續時間為兩年左右，充分顯示出底部反轉往往過程漫長的特點。圓形底最後部分的行情波動越來越窄，成交量明

167

顯萎縮，右上角的平台是一個小三角形。底部反轉形態完成後，新生的上升趨勢沒有馬上拉升，而是進入第二階段，上上下下橫向盤整，持續時間也將近兩年。

請注意，第二階段的低點沒有維持在小平台上方，但始終明顯高於圓形底的最低點。進入趨勢第三階段後，上漲行情十分激烈。

圓形頂

圓形底是典型的底部反轉形態，相反地，圓形頂則相當少見。其原因在於，底部反轉形態的波動通常越來越小，但持續時間長，頭部反轉形態的波動通常劇烈，但持續時間短。

圓形頂（見圖3-30）不屬於典型的頭部反轉過程，其波動幅度越來越窄，持續時間偏長，例如：圖3-31的圓形頂持續5年以上。

圓形底或圓形頂的持續時間長，變化過程緩慢。這對投資者來說，好處是留下大量時間，可以充分準備；壞處是走勢遲疑不決，研究起來費時費力，反倒容易喪失興趣、失去警覺，以至於行情突破時往往措手不及。

3-30 圓形頂示意圖

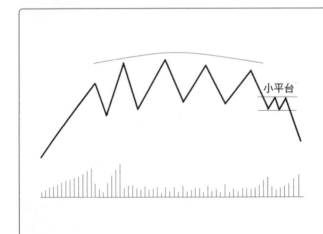

◀ 該形態較為少見。圓形頂左側延續之前的上漲趨勢，但上漲步伐明顯放緩，然後進入橫盤狀態，再緩緩下降。行情波動幅度和成交量都逐步收窄。右下角常會形成小平台，當市場決定性地向下突破小平台，圓形頂完成。

圖3-31　　2 年期國債期貨月線圖（2006 年 11 月～2018 年 10 月）

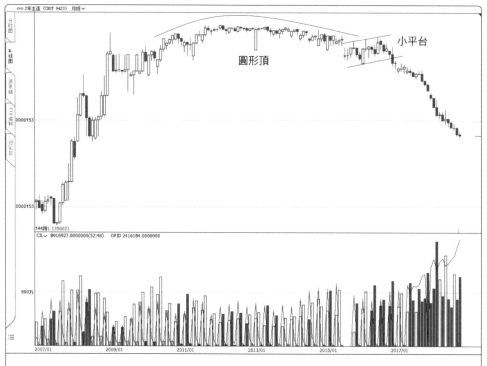

🔺 圖中的圓形頂弧形部分始於 2010 年 6 月，終於 2015 年 6 月，然後進入右下角的小平台（一個向上傾斜的平行通道），最後於 2016 年 11 月向下突破，形態完成。債券市場有點特別，其價格和到期收益率走勢相反，二者都可用來判斷債券行情。

3-6 【V形頂（底）】行情會瞬間逆轉，採用2類工具及時因應

與圓形反轉形態相比，下一節介紹的 V 形形態又是另一種極端。

價格形態一般是指具備一定特徵的行情演變過程，例如：頭肩形、三重頂（底）有 3 個明顯的波峰或波谷；雙重頂（底）有兩個明顯的波峰或波谷；圓形形態則是漫長而曲折。

嚴格來說，V 形反轉不是一個過程，而是行情突然 180 度轉向（見圖 3-32a），因此不屬於價格形態。它突如其來，不給投資者任何準備時間。

V 形反轉的技術線索少，行情來得極為兇猛，讓投資者必須果斷採取行動，十分考驗技術分析的功力。我們應當盡可能掌握 V 形反轉之前的行情特點，以提高警覺。

由於缺乏價格形態的組合式線索，投資者要從基本概念和基本工具著手。一般來說，有 3 個輔助線索能幫助我們發現 V 形反轉。

第一，在 V 形頂之前，通常是急速拉升的上升趨勢，K 線圖表現為一連串陽線，其實體長度越來越長，相鄰 K 線之間重疊的部分越來越少，直至出現向上跳空，甚至接連幾個向上跳空。

第二，在急速拉升行情之前，市場往往經歷長期的上升趨勢，累積漲幅較大。最後出現的急速拉升行情，十分吻合下降趨勢第一階段的特徵。

第三，在急速拉升過程中，成交量急劇放大，明顯超出前期上升趨勢較大的成交量。若是期貨行情，持倉量往往迅速上升，甚至超越歷史最高量。

事實上，上述這 3 個線索也是上升趨勢第三階段的特徵。出現這些特徵後，趨勢反轉的條件就趨於成熟。此時，我們要從兩方面著手捕捉 V 形反轉，並及時採取應對措施。

3-32a　Ｖ形頂示意圖

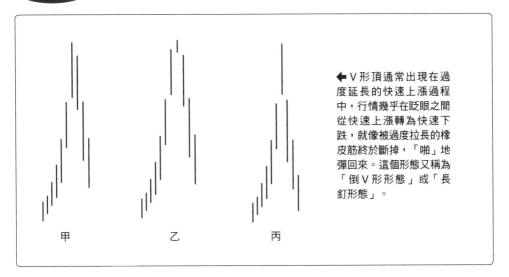

◀Ｖ形頂通常出現在過度延長的快速上漲過程中，行情幾乎在眨眼之間從快速上漲轉為快速下跌，就像被過度拉長的橡皮筋終於斷掉，「啪」地彈回來。這個形態又稱為「倒Ｖ形形態」或「長釘形態」。

甲　　　　乙　　　　丙

捕捉Ｖ形反轉

　　第一個方面是善用圖表工具，借助短時間單位的Ｋ線圖，盯緊行情變化細節。

　　日常看盤時，必須結合使用長期與短期圖表。月線圖具有良好的簡化功能，能夠化繁為簡、突出重點，適合追蹤長期趨勢。日線圖的細節過多，容易使投資者迷失在行情曲折之中，而不得要領。

　　透過月線圖的簡化功能，我們能釐清行情主線，抓住長期趨勢。由於月線圖的局面相對穩定，一至兩週查看一次即可，日線圖才是投資者的每日功課。換言之，日常看盤的重點是追蹤趨勢，而不是交易。

　　一旦覺察行情已經進入持續急漲或急跌，就要縮短圖表的時間單位，充分利用短時間單位Ｋ線圖的豐富細節，積極尋找技術線索。此時，不但要每天觀察日線圖，還要隨時追蹤；不僅追蹤日線圖，還要追蹤小時線圖、分時圖。在Ｖ形反轉的極端行情下，日常看盤的重點是密切追蹤趨勢變化，隨時準備交易，採取必要措施。

3-32b　辨識 V 形頂的技術線索

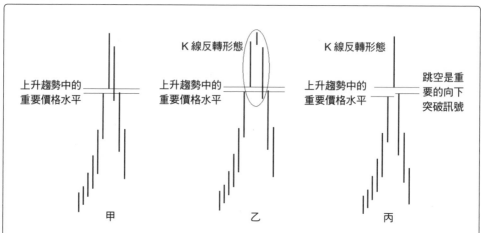

K線反轉形態

上升趨勢中的
重要價格水平

甲

K線反轉形態

上升趨勢中的
重要價格水平

乙

K線反轉形態

上升趨勢中的
重要價格水平

跳空是重
要的向下
突破訊號

丙

⬆ 面對翻天覆地的劇烈變化，我們有兩個應對手段：一是充分借助短時間單位 K 線圖，緊盯行情
變化的細節，以日線圖為主要分析工具，週線圖、月線圖為輔助；二是採用基本的 K 線趨勢訊號、
趨勢分析工具，盡可能蒐集技術線索。

　　一般情況下，行情的技術線索繁多，真正有效的卻很少，所以我們借助
月線圖的簡化功能讓行情變少，進而以簡制繁。但是，在急漲或急跌的特殊
情況下，行情變化之快令人難以招架，因此需要借助日線圖、小時線圖、分
時圖等來放大行情，就像電影使用慢鏡頭放慢動作一樣。如此一來，我們才
能及時採取交易措施，不放過有效的技術線索。接下來，將用圖例詳細解說
這個道理。

　　第二個方面是運用趨勢分析工具，觀察技術線索。

　　當行情急劇下跌，可能形成 V 形反轉時，我們首先要尋找 V 形頂之前
的技術線索，就是從前期上升趨勢留下的重要價格水平，包括歷史高低點、
價格跳空、百分比回調線、趨勢線等（見圖 3-32b 甲圖），尋找向下突破訊號。

　　其次，要尋找 V 形頂本身的技術線索，就是從 V 形頂的最高處觀察有
沒有 K 線反轉形態（見圖 3-32b 乙圖）。最後，要尋找 V 形頂之後的技術
線索，就是從下跌過程中尋找新的訊號，例如：向下跳空（見圖 3-32b 乙圖
和丙圖）、先形成小平台再向下突破等。

圖3-33a　CRB 指數月線圖（1998年7月～2012年2月）

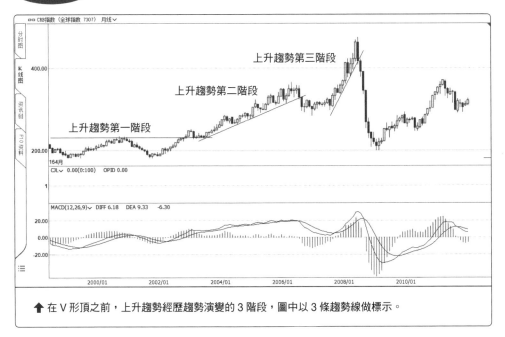

⬆ 在 V 形頂之前，上升趨勢經歷趨勢演變的 3 階段，圖中以 3 條趨勢線做標示。

　　總之，要在 V 形反轉的事前、事中、事後，觀察 K 線訊號和趨勢分析工具，密切追蹤行情變化，力求準確把握趨勢反轉的時機。我們既要蒐集足夠多的技術分析證據，以便做出決定，又要盡可能及早辨識 V 形反轉。

　　圖 3-33a 有一個典型的 V 形頂，行情走勢如同大雪崩，一夕之間天崩地裂。行情反轉過程中的技術線索極少，留給投資者的反應時間極短。如果投資者不夠靈敏果斷，就會有滅頂之災，或是錯過難得一見的重大機遇。

　　雖然 V 形頂令人猝不及防，但在它出現之前，必然經過一段累積能量的過程，也就是趨勢演變的 3 階段。在圖 3-33a 中，V 形頂之前的上升趨勢具備 3 階段的基本特徵。第一階段大致可用水平直線來代表，相當於雙重底的頸線，此過程約從 1998 年初到 2002 年底，持續時間為 5 年左右。

　　第二階段呈現明顯漲勢，上升速度一般，並在最後向下回落，此過程約從 2003 年初到 2007 年中，持續時間為 4 年半左右。第三階段的上升速度明顯加快，過程中的 K 線主要為陽線，實體一根比一根長，最終呈現明顯的

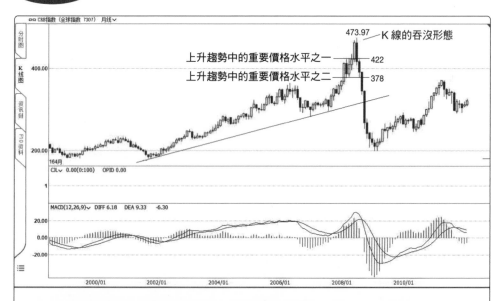

圖3-33b CRB指數月線圖（1998年7月～2012年2月）

↑ V形頂左側行情中有兩個重要價格水平，且V形頂是由兩根K線組成，一根陽線上漲，一根陰線下跌，兩者組成吞沒形態，屬於K線技術的頭部反轉形態。吞沒形態完成與行情向下突破第一個價格水平的時機重疊，積極的投資者可採用作為V形反轉訊號。行情向下突破第二個價格水平時，大多數投資者應視其為常規的V形反轉訊號。

極端狀態。

V形反轉的突破訊號

辨識V形頂，以及捕捉其中有效的技術訊號，其實是一枚硬幣的兩面。

在圖3-33b中，V形頂左側的行情雖然極端，但仍有兩個重要價格水平：422、378。V形頂本身包括兩根K線，一根陽線上漲，一根陰線下跌，組合成K線技術的吞沒形態，屬於頭部反轉訊號。

當行情向下突破第一個重要價格水平，這個突破訊號正好也是吞沒形態完成的訊號（即陰線實體向下突破前一根陽線實體），兩個技術訊號發生的時機重疊，積極的投資者可以將它視為V形反轉訊號。

圖3-33c　CRB 指數月線圖（1998 年 7 月～2012 年 2 月）

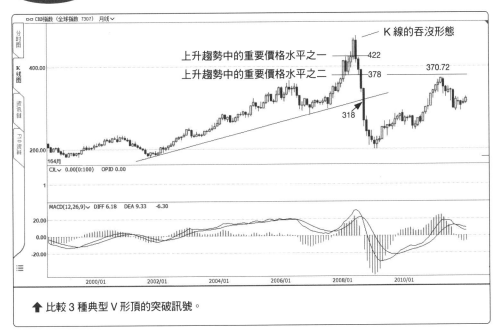

↑ 比較 3 種典型 V 形頂的突破訊號。

　　當行情向下突破第二個重要價格水平，我們可以將前一個突破當作初始訊號，這一個突破當作驗證訊號，得出比較充分的證據，證實常規的 V 形反轉訊號已形成。此時，穩健的投資者也必須採取行動。

　　如果錯過上述兩個訊號，在圖 3-33c 中，上升趨勢線的突破訊號便成為最後的補救措施。這條上升趨勢線的斜率較緩，持續時間較長，具有重要意義。

　　在採取行動的時機上，由於 V 形頂的行情變化快速，操作結果的差異可能相當大。若選擇第一個重要價格水平，此處約為 422，距離最高點 473 將損失 12％。若選擇第二個重要價格水平，此處約為 378，距離最高點將損失 25％。如果選擇圖 3-33c 的趨勢線，此處約為 318，距離最高點將損失 48％。

　　圖 3-33a、圖 3-33b、圖 3-33c 都是月線圖，省略許多細節。更短時間單位的 K 線圖可以提供更豐富的細節，應成為追蹤 V 形反轉的主要圖表工具。

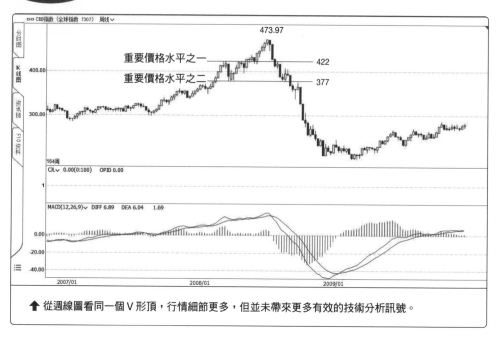

圖3-33d　CRB指數週線圖（2006年11月10日～2009年12月24日）

↑ 從週線圖看同一個V形頂，行情細節更多，但並未帶來更多有效的技術分析訊號。

下面我們借助週線圖和日線圖，尋找更好的反轉線索。

　　圖3-33d是週線圖，行情細節增多了，但有效的技術分析訊號依然是兩個重要價格水平。圖3-33e是日線圖，我們可以詳盡地觀察兩個重要價格水平的形成、突破，以及突破前後從支撐作用轉為壓力作用的具體情形。

　　更重要的是，我們在圖3-33e中發現一個新的價格水平，它的上方形成一個近似頭肩頂的反轉形態，該價格水平線是頭肩頂的頸線。即使不能認定它的上方是頭肩頂形態，至少可以認定為橫向盤整。該價格水平是橫向區間的下邊界。

　　當市場向下突破這條新發現的價格水平線，我們有兩個選擇。積極的選擇是判斷反轉形態成立，趨勢方向逆轉，立即平倉了結多頭部位，並建立新的空頭部位（至少要先了結多頭部位）。保守的選擇是以該突破訊號作為警告訊號，再以市場向下突破第一個重要價格水平作為驗證訊號，平倉了結多頭部位，並建立新的空頭部位（至少要先了結多頭部位）。

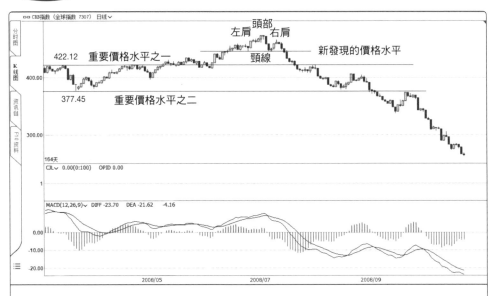

圖3-33e　CRB 指數日線圖（2008 年 3 月 4 日～2008 年 10 月 23 日）

↑ 從日線圖觀察同一個 V 形頂，細節更豐富，而且發現一個新的價格水平，其上方近似頭肩形，可視為橫向盤整。新價格水平的向下突破訊號出現得最早，此時積極的選擇是判斷反轉形態成立，趨勢方向逆轉。保守的選擇是將它當作警告訊號，等到市場向下突破第一個重要價格水平，就能作為驗證訊號。由此可見，追蹤 V 形反轉時，日線圖比月線圖更有利。

　　比起月線圖中的吞沒形態、第一個重要價格水平及第二個重要價格水平，日線圖的新價格水平約為 446，距離最高點 473 損失 5.7%，是強而有力的技術分析線索，能讓我們更早針對行情反轉做準備，也更清晰地辨識反轉形態。在上述兩個選擇中，任何一個都比單純使用月線圖更有利。

　　再看幾個例子。圖 3-34（見 178 頁）的 V 形頂提供較豐富的技術訊號，重要價格水平既是上升趨勢中的重要高點，也是頭部行情中近似於頸線的支撐線。當市場向下突破重要價格水平，也向下突破前期上升趨勢線，兩個突破訊號接踵而至，技術意義更強。

　　隨後行情回升，重新向上試探重要價格水平，但是一觸即潰。這相當於頭部反轉常見的反彈現象，是較可靠的輔助技術訊號。反彈現象出現後，行情立即下跌，並再次向下突破，可以作為頭部反轉訊號的驗證訊號。

圖3-34 美長期國債期貨週線圖（2015年6月26日～2018年2月2日）

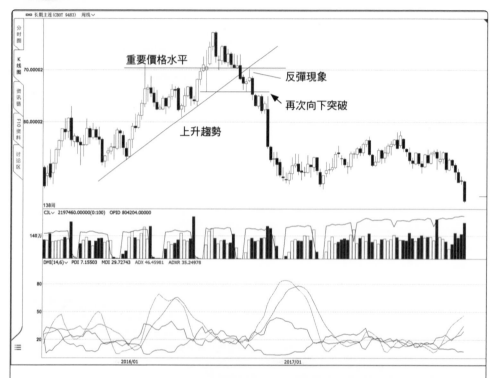

長期主连(CBOT 9483) 周线∨

重要價格水平

反彈現象

再次向下突破

上升趨勢

138周
CJL∨ 2197460.00000(0:100) OPID 804204.00000

DMI(14,6)∨ PDI 7.15503 MDI 29.72743 ADX 46.45981 ADXR 35.24978

2016/01 2017/01

⬆ V形頂的重要價格水平很顯眼，與上升趨勢線的突破訊號很接近，構成有效的頭部反轉訊號。之後出現反彈現象，市場向上試探重要價格水平，但無功而返，可作為頭部反轉的另一佐證。當市場再次向下突破另一個價格水平，可作為驗證訊號。投資者若沒有採納前一個突破訊號，此時必須行動。

綜合上面所述，這個案例出現雙重向下突破訊號，也有反彈現象，還有再次向下突破的驗證訊號，3種訊號相當齊全。

圖3-35a的V形頂大約由9個交易日組成，左側有一個明顯的向上跳空，是上升趨勢加速的表現，可作為重要價格水平。在V形反轉當天（見180頁圖3-35b），開盤價明顯向上跳空，高於前一日收盤價。但開盤不久後，市場轉頭向下，很快就回填跳空並繼續下跌，當日收盤在最低價附近。

回到3-35a日線圖，反轉日的陰線實體向下深入到前一根陽線實體內部，

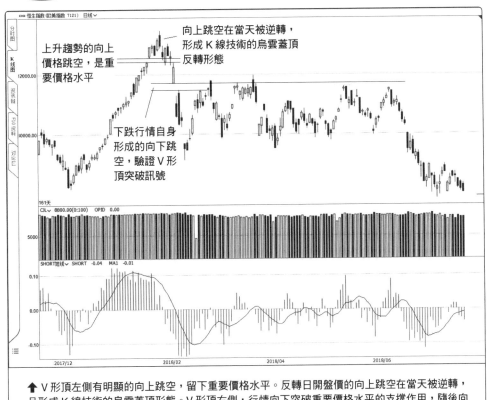

圖3-35a　恒生指數日線圖（2017年11月21日～2018年7月19日）

⬆ V形頂左側有明顯的向上跳空，留下重要價格水平。反轉日開盤價的向上跳空在當天被逆轉，且形成 K 線技術的烏雲蓋頂形態。V形頂右側，行情向下突破重要價格水平的支撐作用，隨後向下跳空，驗證 V形頂突破訊號。

兩者組成烏雲蓋頂形態，是 K 線技術的反轉訊號。烏雲蓋頂形態出現後，市場疲軟，再也回不到該形態所處的價格水平，從而驗證烏雲蓋頂形態的反轉訊號。

　　不久之後，前期上升趨勢中向上跳空留下的重要價格水平，被市場向下突破。一個交易日後，市場向下跳空，是有效的技術訊號，可當作前一個突破訊號的驗證訊號。

　　從圖 3-35a 來看，之後的行情並非雪崩式直落，而是長時間的橫向盤整，

圖3-35b　恒生指數分時圖（2018年1月29日）

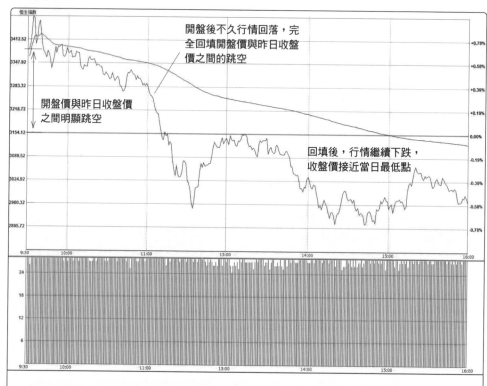

開盤後不久行情回落，完全回填開盤價與昨日收盤價之間的跳空

開盤價與昨日收盤價之間明顯跳空

回填後，行情繼續下跌，收盤價接近當日最低點

↑ V形反轉當天開盤價向上跳空，明顯高於昨日收盤價。然而，開盤後不久行情便回落，不僅回填向上跳空，還繼續下跌，當日收盤價接近最低點。這是少見的當日反轉情形。

最高點始終未能超越向下跳空的上邊緣。不僅如此，在橫向行情之後，市場繼續下跌，恢復下降趨勢。

V形底

　　從 V 形反轉的特點來看，它天生屬於頭部反轉形態，所以我們一般看到的是 V 形頂，不過也可能出現 V 形底。

　　觀察圖 3-36a，在 V 形底之前，下降趨勢處於明顯的加速狀態，為 V 形

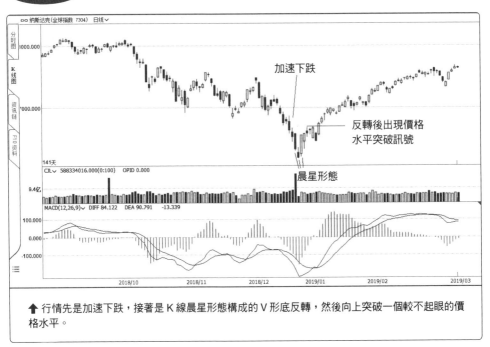

圖3-36a　納斯達克指數日線圖（2018年8月21日～2019年3月14日）

↑ 行情先是加速下跌，接著是 K 線晨星形態構成的 V 形底反轉，然後向上突破一個較不起眼的價格水平。

底的出現做了鋪陳。V 形底本身包括 3 根 K 線，組成 K 線技術中的晨星形態：第一根長陰線下跌，是下降趨勢的常態；第二根短陰線位於最低處，表示市場繼續下跌，但強度變弱；第三根是長陽線，一舉收復前兩根陰線的下跌空間。

　　之後，市場在上漲過程中形成一個小平台，該平台被向上突破時，可作為 V 形底的驗證訊號，不過這個價格水平過於普通，意義並不大。

　　圖 3-36a 作為底部反轉形態，缺乏成交量輔助訊號。從圖 3-36b（見 182 頁）可以看到，V 形底的左側行情形成一個向下傾斜的平行通道，持續時間近 3 個月。一般來說，向下傾斜的平行通道往往會向上突破，這個案例卻是少見的加速下跌。

　　向右延長平行通道的上下邊線，可以在 V 形底右側的上漲行情中，發現兩個向上突破訊號。當市場向上突破平行通道的下邊線，上述的小平台也

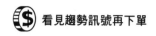

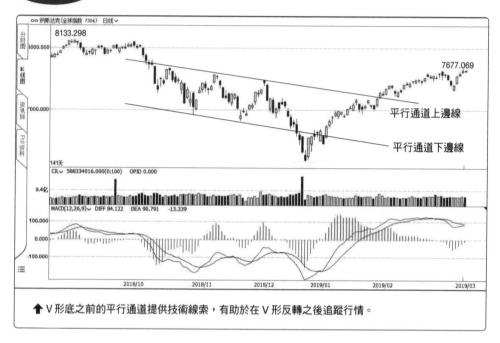

圖3-36b 納斯達克指數日線圖（2018年8月21日～2019年3月14日）

↑ V形底之前的平行通道提供技術線索，有助於在 V 形反轉之後追蹤行情。

差不多在同時間發生突破，增強了突破訊號的技術意義。

當市場向上突破平行通道的上邊線，可作為確認上升趨勢的最終訊號，其原因在於，若市場不能突破平行通道上邊線，就會留在平行通道內，繼續橫向盤整。

在圖3-37的 V 形底之前，下降趨勢十分劇烈。V形底本身包括兩根 K 線，組成看漲的吞沒形態：左側是陰線，向下跳空；右側是長陽線，向上吞沒前一根陰線。在 V 形底右側，市場上升後馬上形成小平台，該平台被向上突破時，可作為 V 形底的驗證訊號。

之後，行情進入橫向盤整，形成規模較大的持續形態（三角形）。當市場向上突破持續形態的上邊緣，可作為確認上升趨勢的最終訊號。

圖3-37 瘦肉豬指日線圖（2018年3月14日～2018年9月21日）

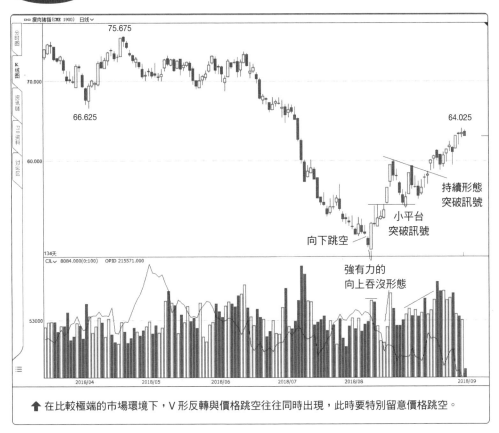

↑ 在比較極端的市場環境下，V形反轉與價格跳空往往同時出現，此時要特別留意價格跳空。

3-7 追蹤頭部反轉要檢視日線圖、分時圖，對底部反轉呢？

反轉形態的共同特徵

前文介紹常見的反轉價格形態：頭肩形、三重頂（底）、雙重頂（底）、圓形底（頂）、V 形反轉，它們具備以下共通特徵。（嚴格來說，V 形反轉不屬於價格形態，只能借助趨勢分析工具來追蹤。）

（1）若之前的上升趨勢或下降趨勢具有較明顯的 3 階段特徵，且在第三階段有長足發展；或者在價格形態出現前，具有特別明顯的趨勢加速特徵，例如：趨勢線越來越傾斜、K 線實體不斷拉長、接連出現同方向價格跳空等，那麼形成反轉形態的條件比較充分。

（2）在一般趨勢進程下，成交量的變動通常會配合價格走勢。當價格按照趨勢方向變動時，成交量增大；當價格反趨勢方向變動或橫向盤整時，成交量減少。如果成交量未能配合價格走勢，則構成反轉形態的警告訊號。

（3）之前的上升趨勢或下降趨勢通常會留下一系列趨勢線，其斜率往往越來越陡峭。在反轉形態的醞釀過程中，行情常朝著反方向突破最近的趨勢線。這屬於警告訊號，並非決定性訊號。

（4）根據趨勢定義，趨勢進程的主要特徵是創新高（上升趨勢）或創新低（下降趨勢）。若價格走勢不能如期地創新高或新低，或者雖然創新高或新低，卻無法堅守新陣地，不久便回到之前的歷史高點或低點的另一側，則可作為警告訊號。

（5）行情軌跡逐漸形成反轉形態的輪廓，在此同時，當價格與原趨勢反向時，成交量放大；同向或橫向變化時，成交量縮小，似乎形成反向趨勢

的成交量模式。這可作為反轉的警告訊號。

（6）唯有行情決定性地反向突破反轉形態的頸線（或重要價格水平），而且在底部反轉的情況下成交量放大，才構成反轉形態完成的突破訊號。相反地，不論出現多少警告訊號，也不能對反轉形態言之過早。

（7）在突破反轉形態的頸線後，市場往往會回頭重新試探頸線，但往往一觸即潰或淺嘗輒止，形成反彈現象。

頭部與底部反轉形態的差異

（1）頭部反轉的價格幅度大、速度快。底部反轉的價格波動幅度逐漸收窄，最後幾乎沒有波動。

行情圖表按照線性坐標值，隨著行情上漲，即使變動比例不變，只有價格數值的絕對值變大，變化幅度的絕對值也會變大，必然導致行情圖形的縱向規模變大。相反地，底部通常處在價格數值絕對值較小的位置，行情圖縱向規模變小，顯得波瀾不驚。上述只是圖表技術方面的特點。

本質上，行情處在頭部時，人氣足、各路資金進出場，各種觀點激烈博弈，你看多、我看空，必然導致行情起伏不定、大起大落。反過來，當行情處在底部時，人氣不足，市場流動性也不足，除了少數堅守者繼續交易之外，大多數人偃旗息鼓或轉戰他方。交易不足會導致行情變化趨緩，行情曲線慢慢趨向於一條橫線。

（2）頭部反轉的持續時間短，底部反轉的持續時間長。

一般來說，投資者期待落袋為安，畢竟賺錢才是交易的真正目的。比起拿著貨，拿著錢往往更踏實。在行情頭部，投資者持有的倉位多，心情比較緊繃，偏偏頭部行情如同十五個吊桶打水，七上八下，因此許多人心想：「乾脆三十六計走為上策！」於是，頭部反轉過程不容行情慢慢變化，也不給投資者左思右想的機會，行情很快攤牌，下降趨勢露出猙獰面目。

在行情底部，投資者要麼被套牢，要麼將持倉減到最低限度，拿著錢的感覺總比被行情折騰來得輕鬆。底部行情開始時，偶爾向上反彈，挑逗投資者，但是回升行情不能持久，那些機會如同泡泡破滅。之後，底部越來越平淡乏味，難以激發交易衝動，似乎真的讓投資者死心。一動不如一靜，在行

圖3-38a 美麥指數日線圖（1996年1月3日～1996年8月6日）

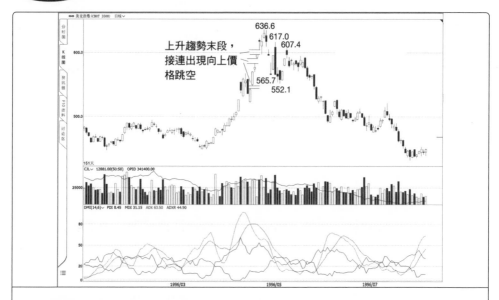

⬆ 頭部反轉形態的波動劇烈，變化幅度大。頭部波峰為 636.6，3 個交易日後跌至 565.7。很快從此處反彈，2 個交易日後升到 617.0。當日反轉向下，再經過 2 個交易日，到達低點 552.1。3 個交易日後，又回升到 607.4。

情底部就是要把板凳坐穿。

（3）頭部反轉的後續行情變化果斷，下跌速度快、幅度大。底部反轉的後續行情一步三回頭，上漲進程曲折、步調緩慢。

交易過程是買賣雙方以資金為選票，投票表決行情走向。觀點重要，用錢投票來支持自己的觀點更重要。行情上漲需要投資者主動看多，不斷增加資金表達支持。行情下跌不一定需要投資者主動看空，甚至只因為投資者沒有興趣，或沒有增加資金做多，行情就會下跌。

頭部反轉之後，下降趨勢進程較快，傾向容易下跌；底部反轉之後，上升趨勢進程較慢，傾向不容易上升。

（4）在頭部反轉過程中，成交量的異常變化具有警告意味，當市場向下突破頸線時，成交量通常會放大，但這不是決定性要素。在底部反轉過程

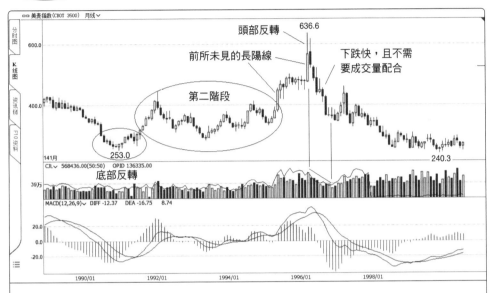

圖3-38b　美麥指數月線圖（1988年12月～2000年8月）

⬆ 頭部反轉花費 2 個月完成，且價格波動幅度巨大。圖 3-38a 的日線圖對這兩個月行情有詳細的展示。底部反轉花費 12 個月完成，且波動幅度小、波折少。在頭部反轉之後的 6～7 個月中，行情下跌快、幅度大，但成交量明顯萎縮，顯示下跌行情不需成交量配合。1999 年 12 月，行情到達最低點 240.3。

中，成交量應逐漸縮小，當市場向上突破頸線時，成交量必須明顯放大，這是決定性要素。

接下來，透過一個實例，進一步檢視頭部與底部反轉形態的差異。

圖 3-38a 中，頭部反轉形態的左側是之前上升趨勢的末段，接連出現向上跳空。頭部最高點之後，在第一輪急跌行情中接連出現兩個向下跳空。行情在短短幾個交易日內來回大幅震盪：3 個交易日從 636.6 跌至 565.7；2 個交易日從 565.7 升至 617.0；2 個交易日從 617.0 跌至 552.1；3 個交易日從 552.1 升至 607.4。之後震盪才逐漸減緩。

圖 3-38a（日線圖）的頭部反轉，濃縮到圖 3-38b（月線圖）頭部的兩根 K 線中。月線圖展示的細節較少，但容納整個上升趨勢的歷史軌跡，以及之後下降趨勢的演變過程，讓我們看到全貌。

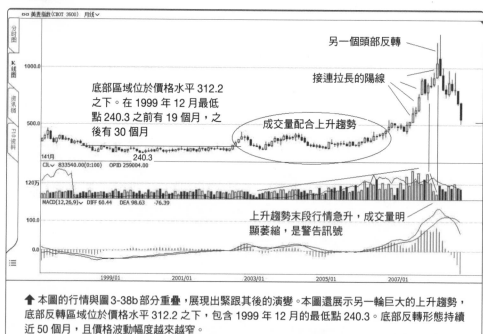

圖3-38c　美麥指數月線圖（1997年2月～2008年10月）

底部區域位於價格水平312.2
之下。在1999年12月最低
點240.3之前有19個月，之
後有30個月

成交量配合上升趨勢

另一個頭部反轉

接連拉長的陽線

上升趨勢末段行情急升，成交量明
顯萎縮，是警告訊號

⬆ 本圖的行情與圖3-38b部分重疊，展現出緊跟其後的演變。本圖還展示另一輪巨大的上升趨勢，
底部反轉區域位於價格水平312.2之下，包含1999年12月的最低點240.3。底部反轉形態持續
近50個月，且價格波動幅度越來越窄。

　　月線圖中，頭部反轉的大幅波動只涉及兩個月，而之前的底部反轉持續
約12個月，且波動幅度遠小於頭部反轉。在頭部反轉之前，上升趨勢走過
特徵明顯的3階段演變歷程，包括第二階段漫長又起伏不定，第三階段出現
前所未見的超級長陽線。

　　在市場完成頭部反轉後，下降趨勢傾瀉而下，但成交量明顯萎縮。這表
明行情有重力，行情下跌時就像走下坡，比較不費力，不需要成交量配合。

　　圖3-38b的上升趨勢，從最低點253上漲到最高點636，而頭部反轉之
後的下降趨勢，從最高點636下降到最低點240.3。圖3-38c的行情接在圖
3-38b之後，展示下一輪上升趨勢的演變過程。

　　在圖3-38c左側，市場圍繞最低點240.3構築底部反轉，底部區域的最
高點為價格水平312.2，波動幅度有限，但持續時間將近50個月。之後，這
一輪上升趨勢的第二階段也是橫向盤整，第三階段則接連出現長陽線。

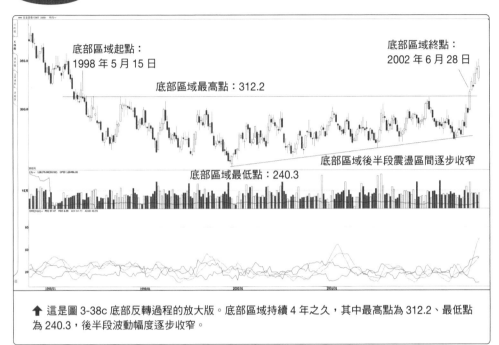

圖3-38d　美麥指數週線圖（1997年10月17日～2002年8月2日）

底部區域起點：
1998 年 5 月 15 日

底部區域終點：
2002 年 6 月 28 日

底部區域最高點：312.2

底部區域後半段震盪區間逐步收窄

底部區域最低點：240.3

↑ 這是圖 3-38c 底部反轉過程的放大版。底部區域持續 4 年之久，其中最高點為 312.2、最低點為 240.3，後半段波動幅度逐步收窄。

　　在圖 3-38c 的上升趨勢進程中，成交量基本上配合價格走勢不斷放大。但是，在頭部反轉形態的左側，即上升趨勢末段行情急速拉升時，成交量快速萎縮，不能驗證價格走勢，是一個明顯的警告訊號，之後便出現頭部反轉。

　　為了進一步認識底部反轉的特徵，圖 3-38d 用週線展示圖 3-38c 的底部反轉區域，其中最高點為 312.2、最低點為 240.3，後半段的波幅逐漸收窄，而且持續時間長達 4 年，這兩方面都是底部形態的典型特徵。

　　在一般市場，行情的一邊是商品，例如：股票、債券，另一邊是貨幣，例如：人民幣、美元、日元、歐元、英鎊等。無論如何，商品的流動性總是遠遠不如貨幣，這可能是導致頭部和底部行情特徵不同的原因之一。但凡事皆有例外，前面介紹的 V 形底便與上述討論南轅北轍。

　　根據頭部和底部反轉形態的不同特點，在對應頭部反轉的過程中，投資者要多採用日線圖、分時圖等短時間單位的圖表，即時追蹤行情變化。在對

應底部反轉的過程中，不妨多採用長時間單位的圖表，適當放慢節奏。當然，這只是側重觀察，長短時間的圖表各有特點，結合使用比較穩妥。

從正反兩方面應用價格形態

在上升趨勢中，出現橫向盤整後，若有證據表明這是持續形態，或有證據表明這不是反轉形態，就可以判斷上升趨勢持續，投資者應繼續持有多頭，甚至擇機加倉。

同理，若有證據表明這是反轉形態，或有證據表明這不是持續形態，就可以判斷上升趨勢反轉，投資者應平倉了結多頭倉位，甚至擇機做空。

在下降趨勢中，出現橫向盤整後，若有證據表明這是持續形態，或有證據表明這不是反轉形態，就可以判斷下降趨勢持續，投資者應繼續持有空頭，甚至擇機加倉。

同理，若有證據表明這是反轉形態，或有證據表明這不是持續形態，就可以判斷下降趨勢反轉，投資者應平倉了結空頭倉位，甚至擇機做多。

想學會價格形態分析，你要先掌握什麼？

價格形態是相對固定的技術線索組合，尋找價格形態的目的類似於學習圍棋定式。透過價格形態分析，可以減輕技術分析者的負擔，提高判斷準確率。

不過，V形反轉形態沒有太多可靠的技術線索組合，因此不能提供價格形態分析的便利。在V形反轉的情況下，我們要退而求其次，運用基本的趨勢分析概念和工具。

事實上，價格形態分析只是趨勢分析的組合式應用，投資者要掌握趨勢分析的基本概念和工具，才能獲得價格形態帶來的益處。如果只會按照價格形態的外形輪廓按圖索驥，在面對複雜的行情變化時，很可能未得其利，先受其害。

第 4 章

掌握3視角技術分析，
從全局到細節都看透

4-1 【全局視角】透過月線圖分析行情軌跡，得出長期趨勢方向

在單一市場應用技術分析時，K線圖可以從3個層面（或說3種視角）：全局、價格形態、細節，為投資者提供市場狀態的資訊。

第一個層面是全局視角，即觀察市場的總體走勢，進而了解當前行情所處的趨勢環境。此時的觀察重點是整張圖表，以展示行情連續軌跡為主，包含的不是數根K線，而是數百根K線。透過這類圖表，我們試圖掌握趨勢的完整歷史演變，包含趨勢演變的3個階段。這個層面力求觀察全局，因此稱為全局視角。

在分析圖表時，主要採用趨勢定義、價格水平（線）、百分比回調線、趨勢線等工具，來觀察行情的總體趨勢狀況。目的在於得出當前行情所處的長期趨勢方向，一般來說，是上升趨勢、下降趨勢或橫向趨勢。在大規模橫向趨勢內部，還可以區分為橫盤中的上升、下降和橫向趨勢。當然，由於它們總體處於橫向趨勢，其趨勢意義必然打折扣。

對於一般投資者來說，可以從月線圖開始進行第一層面的行情分析。月線圖的時間跨度通常為20年以上，足以展示超長期趨勢演變過程，有助於建立大局觀點，為日常的市場分析提供基礎。同時，因為這個視角是超長期的，分析者不用經常反覆檢視，只要一個月一次，至多兩個星期一次即可。

圖4-1a是納斯達克指數的月線圖，展示橫跨25年以上的行情。在圖表最左側，行情處於整張圖的最低位；在圖表最右側，行情處於最高位；在圖表中間16年多的時間，行情處於矩形形態中。整張圖表現出典型的超長期上升趨勢，中間的矩形形態是長期的鋪墊。整體上，市場演變過程是：上漲——橫盤——上漲。一張一弛，彈性十足。

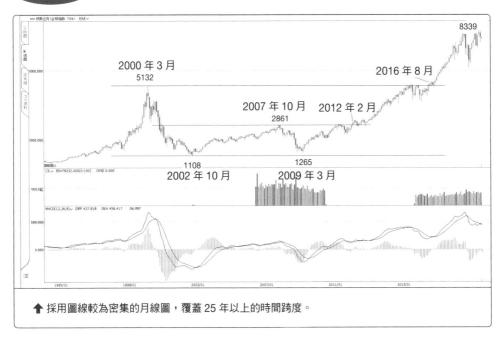

圖4-1a　納斯達克指數月線圖（1994年2月28日～2019年9月3日）

↑ 採用圖線較為密集的月線圖，覆蓋 25 年以上的時間跨度。

圖 4-1a 使用的分析工具相當基礎，包括歷史高低點、趨勢定義、價格水平線。除了分析超長期趨勢，還可觀察重要的調整過程和趨勢轉折點。

2002 年 10 月的低點為 1108，2009 年 3 月的低點為 1265，市場在接近前期重要歷史低點時，完成持續 5 個月的底部形態。2007 年 10 月的高點為 2861，市場在 2012 年 2 月向上之前，曾在該水平之下徘徊 10 個月以上。

2000 年 3 月的高點為 5132，是本圖最突出的歷史高點。市場在 2016 年 8 月向上突破該水平，恢復上升趨勢，但是之前曾在上升到該水平時遭遇強大壓力，在其下徘徊 16 個月以上，留下一個長期的持續狀態。事實上，正是在向上突破歷史高點 5132 之後，市場才進入較快速的上升狀態。

歷史高點、低點是趨勢的轉折點，很可能同時存在 K 線或趨勢分析的反轉訊號，但第一層面的技術分析不會特別在意這類細節。

綜合上面所述，第一個層面主要應用趨勢定義，關注重要的歷史高低點，以它們作為比較基準，來識別長期趨勢乃至超長期趨勢。

4-2 【價格形態視角】留意頭部和底部形態特徵，辨別趨勢是持續或反轉

　　第二個層面是價格形態視角，目的是透過價格形態分析，追蹤趨勢演變，判斷趨勢將會持續還是反轉。

　　當趨勢處在持續推進的階段，K 線會形成較清晰的上漲或下跌過程，即 K 線一根接著一根上升，行情持續向上突破、屢創新高，或者一根接著一根下降，行情持續向下突破、屢創新低。其中偶爾會發生短時間調整行情，表現為 1～3 根小 K 線收縮在前一根 K 線範圍內。

　　當趨勢處在橫向盤整的階段，K 線會形成較大規模的價格形態，包括矩形、向上或向下傾斜的平行通道、三角形、頭肩形、三重頂（底）、雙重頂（底）等。

　　持續推進與橫向盤整的階段相互交替，共同組成趨勢演變的曲折過程，不過曲折主要是出現在橫向盤整階段。

　　當市場從持續推進轉入橫向盤整時，行情的不確定性上升。如果當前的橫向盤整屬於持續形態，在橫向盤整結束後，原有趨勢將恢復，投資者應該持倉不動，甚至要適當加倉。如果當前的橫向盤整屬於反轉形態，在橫向盤整結束後，原有趨勢將反轉，投資者應在反轉形態完成時平倉出場，甚至要建立反向倉位。

　　一般來說，橫向盤整的持續時間較長，波動幅度較大。持續時間長，意味著投資者要忍受長時間的煎熬，需要足夠定力才能堅定持有有利倉位，取得較大獲利。波動幅度大，意味著在橫向盤整最終演變為趨勢反轉之後，相較於之前達到的最高點或最低點，已經回調較大幅度，可能造成較大損失。

　　正因為橫向盤整帶來較大的不確定性，追蹤趨勢的煩惱大多來自這個階段。當市場進入橫向盤整階段，投資者應盡早識別它屬於持續性質或反轉性質。大多數橫向盤整屬於持續性質，少數屬於反轉性質，從機率來說，不能輕易認為橫向盤整即將帶來趨勢反轉。

　　投資者可以根據價格形態的一般特點，盡量識別橫向盤整的屬性，而且要特別留意頭部形態和底部形態的典型特徵。

　　頭部形態的典型特徵如下：

◆之前已出現較長的上升過程，上升趨勢顯得成熟。如果已具備明顯的趨勢 3 階段特點，更有利於識別反轉形態。

◆頭部形態本身的波動幅度大、成交量大，市場上爭奪激烈。

◆頭部形態持續時間短，一般是經過劇烈爭奪後，結果很快便見分曉。

　　底部形態的典型特徵如下：

◆之前已出現較長的下降過程，下降趨勢顯得成熟。如果已具備明顯的趨勢 3 階段特點，更有利於識別反轉形態。

◆底部形態本身的波動幅度越來越小、成交量越來越小，投資者越來越沒有交易意願。

◆底部形態持續時間長，一般都是久拖不決，很難達成結論。

　　行情走勢若基本上符合上述特徵，則構成反轉形態的機率變大；若不符合上述特徵，則構成持續形態的機率變大。

　　圖 4-1b（見 198 頁）也是納斯達克指數的月線圖，圖線密度中等，展示 10 年多的行情。這是典型的第二層面月線圖，方便我們清晰地跟蹤每根 K 線追蹤上漲過程與橫向盤整過程，並及早察覺這兩種階段的交替變化。當行情從橫向盤整轉為上漲，及時發現買進訊號；當行情從上漲轉為橫向盤整，及時辨別是持續形態或反轉形態。

　　圖 4-1b 標出兩段較為清晰的上漲過程，以及兩段橫向盤整過程，可以看到上漲與橫向盤整交替出現，充分展現「一張一弛」。

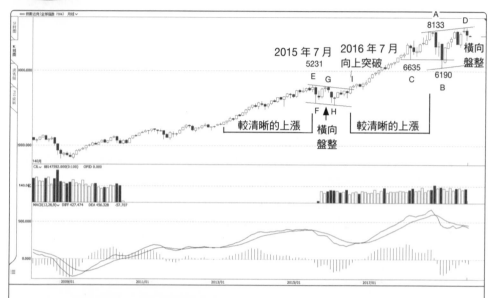

圖4-1b 納斯達克指數月線圖（1994年2月28日～2019年9月3日）

⬆ 這是一般的月線圖，沒有刻意圖線密度，覆蓋約11年的行情演變。右半部的行情路徑較為典型，在超長期上升趨勢中，先是一段清晰的上漲、一段橫向盤整，再有一段清晰的上漲、一段橫向盤整，一張一弛，節奏分明。技術分析的第二個層面（或第二視角），就是透過圖表追蹤具體的趨勢階段或節奏，特別著重橫向盤整階段，力圖儘早分辨它是持續形態或反轉形態。

在兩段上漲過程中，我們逐根比較每根K線，會發現基本上都符合上升趨勢的定義。除了偶爾出現1～2根K線停留在前一根K線內部，不能提供趨勢訊息之外，基本上所有K線都呈現出依次上升的態勢，上漲過程清晰明確。

因此，兩段橫向盤整過程為整體的上升趨勢帶來不確定性，是我們看盤的重點。

第一段橫向盤整過程，從高點E（2015年7月，5231點）的下個月開始，到I點（2016年7月）為止，維續一整年。在這個過程中，高點G略低於高點E，連接這兩個高點，可以得到橫向盤整的上邊界線。請注意，當市場向上突破這條邊界線，就能判斷橫向盤整結束，上升趨勢恢復（即I點）。

在這段橫向盤整中，第一個低點是F，從這裡拉出上邊界線的平行線，

作為橫向盤整的下邊界線，之後被橫向盤整的第二個低點 H 驗證有效。請注意，低點 H 只是略低於 F 點，不是明顯低於 F 點，而且當月最後的價格已經向上拉回，因此未能構成有效的向下突破。

上述兩條相互平行的邊界線，微微向下傾斜，構成持續一年、微微向下傾斜的平行通道。一般來說，微微向下傾斜的平行通道預示著，行情最終將向上突破。另外，在這個平行通道裡，後期 4 個月的行情波動明顯收窄，符合橫向盤整的一般特點。

綜合上面所述，當我們看到行情在 H 點驗證平行線時，可以初步判斷價格形態為向下傾斜的平行通道，這是帶有向上突破意味的典型持續形態。再加上後來 4 個月的波幅收窄，行情構成頭部反轉形態的可能性不斷減小，恢復上升趨勢的預期越來越明朗。

第二段橫向盤整過程，從高點 A（2018 年 8 月，8133 點）之後的第二個月開始（下一月為十字線，停留在 8 月的 K 線內部，未提供趨勢資訊），到圖表最右側都沒有走出來。

首先，我們注意到從高點 A 到低點 B（2018 年 12 月，6190 點）的暴跌，幅度大、速度快，而且跌破前期低點 C（2018 年 2 月，6635 點）。一般來說，市場在高位調整時，可能採取急速下跌的形式，但不會跌破前期低點，所以此處顯得不同尋常。

其次，高點 D（2019 年 7 月，8339 點）高於高點 A，連接高點 A 和 D 得出的橫向盤整上邊界線，稍微向上傾斜。這表示高點 D 創出新高，但幅度不大，更重要的是，在大趨勢向上的背景下，市場已經創新高，卻不能守住新高，這不是理想的持續形態。

最後值得注意的是，這段橫向盤整只出現一個顯著低點 B，且市場很快離開該點，更多時間停留在高點 A 附近的區域。在上升趨勢的橫向盤整階段，我們寧願市場更多時間停留在低點區域，或至少兩次試探低點（前一段橫向盤整就有兩次探底）。

市場之所以上漲，一種情況是因為勢不可擋，漲個不停；另一種情況是因為跌不下去。如果橫向盤整屬於持續性質，要能證明市場跌不下去。第一段橫向盤整有兩個低點 F 和 H，H 點再次證明市場跌不下去。第二段橫向盤整只有一個低點 B，足以證明市場跌不下去嗎？結合上述 3 點觀察，我們傾

向判斷第二段橫向盤整屬於反轉形態。

　　然而，也有相反的證據。一般來說，反轉形態的持續時間較短，持續形態的持續時間較長。隨著第二段橫向盤整的不斷發展，時間拉得越久，構成持續形態的可能性就越大。而且，後期的波動幅度越來越收窄，也符合持續形態的一般特點。

　　綜合上面所述，第二段橫向盤整究竟屬於持續性質或是反轉性質，在圖4-16 上還是一個懸念。

　　請注意，在第二個層面上追蹤橫向盤整時，過程中的高低點固然引人注目，但重點不在於高低點的細節，而是高低點之間的相互關係，即橫盤區間的總體走向。要關注的核心問題是：橫向盤整何時開始、何時結束，以及橫向盤整屬於持續性質或是反轉性質。

　　從上述討論可以得知，第二個層面主要應用價格形態分析，即由 10、20 根 K 線所組成的較長期價格形態。在價格形態分析技術上，是以西方技術分析為主，輔以 K 線技術。

4-3 【細節視角】追蹤 K 線動態，確認轉折點和突破訊號

第三個層面是細節視角，目的是密切追蹤每根 K 線，尤其是最新的 K 線動態演變過程。單根 K 線是 K 線形態分析、趨勢分析的基石，這是 K 線技術的基本功，也是分析市場的日常工作。

日常看盤有三件必做功課。第一，要透過前後相繼的兩根 K 線判斷基本趨勢，將前一根當作比較基準，根據後一根來觀察比較向上創新高或向下創新低的情況。

第二，要透過前後相繼的數根 K 線判斷行情轉折點。大多數 K 線形態都是由 2～3 根 K 線組成，形態本身發出訊號，緊隨其後的另一根 K 線構成驗證訊號。

在行情轉折點形成後，有可能留下歷史高點、低點，形成重要的支撐或壓力水平，這是判斷大趨勢的基準。而且，在一般情況下，當行情出現轉折點，往往代表趨勢進入橫向盤整階段，之後需要進行價格形態分析。

第三，最重要的是，在極少數情況下，市場可能發生 V 形反轉，即趨勢突然逆轉。唯有透過細節視角觀察每根 K 線，才可能及時察覺正在發生的巨變，及時做出應對。

圖 4-1c（見 202 頁）是縮短時間跨度的月線圖，僅展示 3 年左右的行情，更方便進行逐根 K 線分析。

K 線 1（2016 年 11 月）是比較基準。

K 線 2（2016 年 12 月）的高點高於 K 線 1 的高點，低點也高於 K 線 1 的低點，這是上升趨勢。

K 線 3 的高點高於 K 線 2 的高點，低點也高於 K 線 2 的低點，上升趨

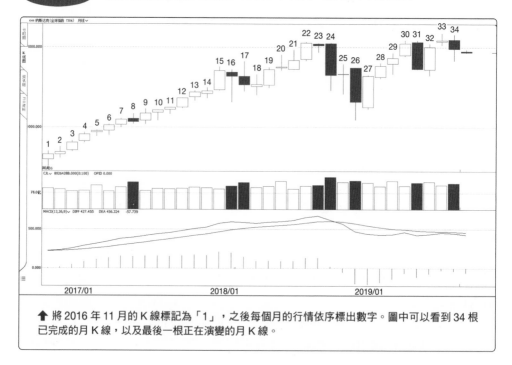

圖4-1c 納斯達克指數月線圖（2016年11月～2019年9月3日）

↑ 將 2016 年 11 月的 K 線標記為「1」，之後每個月的行情依序標出數字。圖中可以看到 34 根已完成的月 K 線，以及最後一根正在演變的月 K 線。

勢持續。

接下來，K 線 4～9 皆清晰顯示上升趨勢持續。

K 線 10 收縮在 K 線 9 的範圍內，不提供趨勢資訊。

K 線 11 也是以 K 線 9 為比較基準，其高點更高，低點也更高，上升趨勢持續。

接下來，K 線 12～15 皆清晰顯示上升趨勢持續。實際上，從 K 線 1 到 K 線 15，上升趨勢順利展開，一路上幾乎沒有下滑。

K 線 16 是一根吊人線，它與 K 線 15 組成孕線形態，為上升趨勢罩上一層陰影。K 線 16 的下影線突破 K 線 15 的低點，其低點更低，高點也更低，是不是下降趨勢已經形成？

有鑑於 K 線 15 之前的上升趨勢持續時間長、延展幅度大，市場迫切需要調整，但此時判斷趨勢反轉恐怕言之過早。

K 線 16 的收盤價（月末價格）大幅回升，無論出現吊人線或孕線形態，都要謹慎判斷行情是否反轉，而下個月的驗證訊號具有決定性意義。此時回頭看，K 線 15 的高點是轉折點，之後要麼進入橫向盤整，要麼發生行情反轉。

K 線 17 使趨勢分析更加複雜，其高點高於 K 線 16 的高點，低點也高於 K 線 16 的低點，肯定不能驗證 K 線 16 的看跌意義。但是，恐怕也不能據此判斷上升趨勢恢復，因為 K 線 17 收盤價大幅回落，這跟月 K 線是陰線。

K 線 18 比 K 線 17 具備更低的高點、更低的低點，但是同樣不能判斷為下降趨勢，原因在於 K 線 16～18 屬於橫向盤整，其中的行情變化往往不具有趨勢意義。

幸運的是，上述 3 條 K 線雖然有明顯的上下影線，但實體都偏小。雖然 3 個實體依次降低，但都收縮在 K 線 15 的長實體內部，呈現為典型的調整態勢，並具備比較明顯的持續性質。

接下來，K 線 19 比起 K 線 18，其高點更高，低點也更高，但是還不能認定上升趨勢恢復。

K 線 20 比起 K 線 19，其高點更高，低點也更高，而且相對於橫向盤整前的 K 線 15、橫向盤整中的 K 線 17，都創出新高，因此可以斷定上升趨勢恢復。

K 線 21 和 22 均為清晰的上升趨勢。

K 線 23 沒有趨勢資訊，但是和前 3 個月的勢頭顯然不同。K 線 23 和 22 形成孕線形態，這要注意下一個月是否驗證了。

K 線 24 的開盤價（月初價）與 K 線 23 的收盤價相比，沒有明顯變化，不提供驗證訊號。但是，當月行情大幅下跌，到月末收盤時形成一根大陰線，驗證孕線形態的反轉意義。此時回頭看，K 線 22 的高點是顯著的轉折點，之後行情要麼反轉下降，要麼就進入橫向盤整。

K 線 25 是一根十字線，但下降過程中的十字線沒有太大意義，而且它的低點低於 K 線 24 的低點，高點也低於 K 線 24 的高點，顯示下降趨勢持續。

K 線 26 又是一根大陰線，下降趨勢明顯持續。這根 K 線帶來疑慮，因為它跌破 K 線 16 的低點。

K 線 27 是一根大陽線，實體向上穿越 K 線 26 實體的一半，符合穿刺

線形態的要求。

K 線 28 驗證上述的穿刺線形態，比起 K 線 27，其高點更高，低點也更高。而且，它向上穿越 K 線 26 的高點。因此，判斷 K 線 27 的低點為轉折點，急速下跌行情結束，上升趨勢開始。這段行情屬於 K 線 22 的轉折點之後，更大規模的橫向盤整。

K 線 29 和 30 繼續保持上升趨勢。

K 線 31～34 不再保持上升趨勢，而是處在橫向盤整過程中，趨勢訊息乏善可陳。

K 線 22 的高點為 8133，K 線 23 的高點為 8104、K 線 24 的高點為 8107，三者十分接近。K 線 30 的高點為 8176，K 線 31 的高點為 8164，都挑戰 K 線 22 的歷史高點。尤其是 K 線 33，雖然近似十字線，但高點達到 8339，明顯超越 K 線 22 的高點。

K 線 34 的高點為 8311。市場停留在橫向盤整區間上邊界的時間過久，對下邊界的試探過少，顯得橫向盤整不夠扎實，為下一步行情留下隱憂。

在圖 4-1c 中，最後的 K 線是 2019 年 10 月，其走向是看盤者最關心的。但是，之前的橫盤區間已經為它定了基調，除非它能走出大不相同的表現，否則很難貢獻有效的趨勢資訊。因此，本月的看盤變得很簡單，只須偶爾檢視，若沒有異常，也就沒什麼可看的。

4-4 要看什麼時間單位的 K 線圖？考量投資週期和行情快慢

　　用月線圖觀察行情趨勢的 3 個層面，可以了解趨勢的總體格局、趨勢演變過程中的一張一弛，以及趨勢演變的當前局勢。推薦月線圖是因為它簡繁得當，既能看出趨勢演變的主要脈絡，又不會陷入細枝末節而迷失方向。

　　技術分析的 3 個層面也可以運用於週線圖、日線圖，以及小時線圖等圖表。表 4-1（見 206 頁）根據一般常見的 16：9 顯示器，整理出月線圖、週線圖、日線圖、小時線圖所覆蓋的時間跨度。

　　在全局視角方面，圖表的時間跨度一般是越久越好，但是我們的投資活動不可能無限期，因此「全局」應當是指與投資週期密切相關的範圍。舉例來說，假設長期投資的時間週期為 10 年，應觀察 20～30 年的行情演變歷史，為今後 10 年建立完整的背景資料。換言之，要觀察投資週期的 2～3 倍，甚至更長一點的歷史行情。

　　對長期投資來說，週線圖、日線圖或更短時間單位的圖表，不適合用來進行全局分析。對短期或當日交易來說，週線圖和日線圖可以發揮全局視角的作用。對當日交易來說，至少應採用小時線圖進行全局分析。

　　在細節視角方面，圖表一般是越詳細越好，也就是時間單位越短越好。但是時間跨度越短，越容易陷入細節的泥淖。因此「細節」也應當是指與投資週期密切相關的範圍。舉例來說，假設長期投資的時間週期為 10 年，進場、出場的時間點最小要精確到日，所以細節層面的分析可以採用日線圖。

　　另外，市場演變進程的時間分配並不平均，所以在選擇圖表時應考慮行情的快慢。從趨勢演變的階段特徵來看，在趨勢第一階段，若是頭部反轉，則行情變化快，若是底部反轉，則行情變化慢（第三章曾討論）。在趨勢第

表4-1	常用時間週期圖表所覆蓋的時間跨度

圖表覆蓋的時間	月線圖	週線圖	日線圖	小時線圖
20 年以上	全局視角			
10 年左右	價格形態視角			
5 年左右	細節視角	全局視角		
3 年左右		價格形態視角		
2 年左右		細節視角	全局視角	
12 個月左右			價格形態視角	
6 個月左右			細節視角	
3 個月左右				全局視角
2 個月左右				價格形態視角
1 個月左右				細節視角

二階段，行情變化通常比較慢，在趨勢第三階段，行情變化通常比較快。

行情變化快速時，應在技術分析 3 層面的基礎上，側重採用短時間單位的圖表（包括分時圖），將行情路徑的細節放大、節奏放慢，增加觀察市場的頻率，聚焦到細部變化。行情變化緩慢時，應側重採用長時間單位的圖表，減少觀察市場的頻率，聚焦到長期趨勢，忽略意義不大的價格反覆。

換言之，若行情快，側重細節；若行情慢，側重大趨勢。當然，這只是側重點的不同，長短期圖表各有特點，結合運用比較穩妥。

我們的建議是，從宏大的歷史背景聚焦到逐日看盤。先用月線圖來進行 3 層面分析，取其簡明的特點，得出明確的趨勢判斷。以此為基礎，再用日線圖、小時線圖、分時圖等補充行情細節，捕捉精準的操作時機。

圖 4-1d 是納斯達克指數日線圖，我們用它補充圖 4-1a、圖 4-1b 和圖 4-1c 的 3 層面分析。在圖 4-1b 中，可以觀察到一個向上傾斜的平行通道，因此它可用來分析價格形態，也可用來逐日看盤。不過，當前行情屬於橫向盤整階段，日 K 線無論漲跌都沒有趨勢意義，不宜過度解讀。

理論上，每根月 K 線都要等到月終才能成定局。但是，當行情快速變化，或者當行情在關鍵價格水平發出重大突破訊號時，容不得我們等到月終再採

圖4-1d 納斯達克指數日線圖（2019 年 2 月 13 日～2019 年 9 月 30 日）

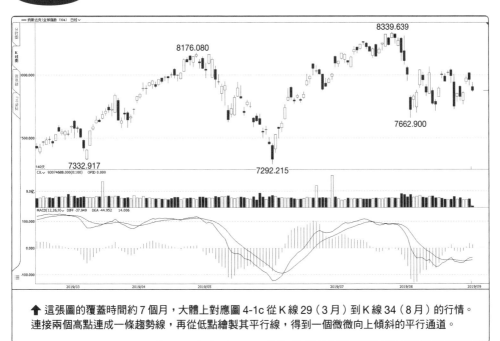

↑ 這張圖的覆蓋時間約 7 個月，大體上對應圖 4-1c 從 K 線 29（3 月）到 K 線 34（8 月）的行情。連接兩個高點連成一條趨勢線，再從低點繪製其平行線，得到一個微微向上傾斜的平行通道。

取應對措施。在這種情況下，若日線圖上有連續兩個交易日的收盤價都驗證突破訊號，就可以提前採取行動。

在非 24 小時連續交易的市場，每日有一段時間開盤交易，一段時間收盤休息。兩根日 K 線之間偶爾會發生價格跳空，這是日線圖獨有的有效技術線索，可能是 K 線價格形態的一部分，或是重要的支撐或壓力水平。

在月線圖中，只有上一個月末與下一個月初之間，才可能發生價格跳空，但實際上，這是日線圖上特定兩個交易日之間的價格跳空。

在當日圖表中，例如：小時線圖、5 分鐘線圖，價格跳空往往只出現在前一日最後時段與後一日最初時段之間，其他時段之間都屬於連續交易，通常不會發生價格跳空。實際上，這樣的價格跳空也是來自日線圖。

如果投資者做短期交易或當日交易，為了獲得足夠的細節，5 分鐘線圖和分時圖都可作為第三層面追蹤行情細節的工具，成為實質的第三視角。

4-5 該選用哪些技術分析工具？依據目標和用途各有不同

3個層面的主要技術分析工具

在全局視角上，主要使用的分析工具是趨勢定義、歷史高低點（即價格水平）、趨勢線、百分比回調線等，這些都屬於典型的西方技術分析工具。

在價格形態視角上，主要分析工具包括西方技術分析的價格形態，例如：矩形、平行通道、三角形、三重頂（底）、頭肩頂（底）等，以及 K 線技術的價格形態，例如：三法形態、三山頂部形態、三川底部形態（編註：這兩者與三重頂〔底〕相仿）、三尊形態、倒三尊形態（編註：這兩者與頭肩頂〔底〕相仿）等。

在細節視角上，主要分析工具是基本的趨勢形態和買賣訊號，尤其是對 K 線技術的常見形態進行分析，例如：窗口形態（跳空缺口）、吞噬形態、十字線、黃昏之星形態、早晨之星形態、白三兵形態等；同時也包括少數西方技術分析工具，例如：反轉日、V 形或長釘形反轉形態。

全局視角的目的是，確定當前行情所處的趨勢方向，這是市場分析的根本任務。

價格形態視角的目的是，在已知當前趨勢方向的情況下，一旦行情進入橫向盤整，儘早判斷其價格形態屬於持續性質還是反轉性質。

細節視角的主要目的是：在確定大趨勢的條件下，精確選擇交易時機；分辨行情變化的快慢情況，在市場進入快速變化後，密切追蹤行情。

表 4-2 對上述 3 個層面做出小結。

接下來，以上證指數為例，按部就班依照 3 個層面進行分析：以密集的

表4-2　全局、價格形態、細節 3 個層面的比較

	資料	主要分析工具	分析目標	所求結論	用處
全局視角	密集的 K 線圖，典型如月線圖，時間跨度可能超過 20 年	歷史高低點（即價格水平）、趨勢定義、趨勢線、百分比回調線	當前行情所處的大趨勢	上升趨勢、下降趨勢、橫向趨勢（大規模橫向趨勢中，再分為上升趨勢、下降趨勢、橫向趨勢）	一般只須偶爾觀察、確認。在關鍵轉折點須密切關注
價格形態視角	密度適中的 K 線圖	西方技術分析：矩形、平行通道、三角形、三重頂（底）、頭肩頂（底）K 線技術：三法形態、三山頂部形態、三川底部形態、三尊形態、倒三尊形態	當前橫向盤整所形成的價格形態，是屬於持續性質或反轉性質	若為持續性質，則繼續持有，在出現順勢突破訊號時加碼；若為反轉性質，則適度減倉，在出現逆勢突破訊號時，平倉並反向建倉	趨勢持續推進時，可以忽略。在一般情況下，這是追隨趨勢的基本工作
細節視角	密度較低和時間單位較短的 K 線圖	主要為 K 線技術中的常見形態分析，如窗口形態、吞噬形態、十字線、黃昏之星、早晨之星形態、白三兵形態等；也包括少數西方技術分析工具，如反轉日、V 形或長釘形反轉形態	持續追蹤趨勢，確認轉折點和突破訊號	發現基本趨勢訊號，為交易精確選擇時機，在 V 形反轉的情況下，做出合理的緊急處置	需要日常看盤。雖然 V 形反轉發生的機率較低，但事關重大。既關係到大趨勢方向，也關係到選擇交易時機，投資者要能當機立斷

月線圖分析大趨勢；以密度適中的月線圖分析價格形態；以日線圖逐日看盤，觀察行情演變的細節。

　　圖 4-2a（見 210 頁）是上證指數密集的月線圖，覆蓋時間長達 21 年多。圖中最重要的技術指標，是連接歷史低點 A 和 B 的超長期上升趨勢線 AB，趨勢線 A B 在 C 處的一系列低點得到反覆驗證，並從 C 處開始激發一輪急速的牛市行情。

　　在重要歷史低點 D，久經考驗的上升趨勢線 AB 再次發揮強大支撐作用，使搖搖欲墜的股市重新找到立足點。上升趨勢線 AB 不代表當前股市處於牛

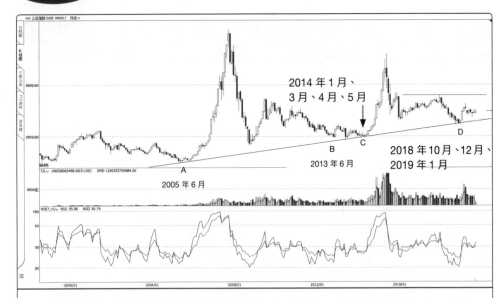

圖4-2a 上證指數月線圖（1998年7月～2019年10月16日）

2014年1月、3月、4月、5月

B
2013年6月

C

D

2018年10月、12月、2019年1月

A

2005年6月

↑ 本圖覆蓋的時間超過20年，提供全局視野。點A是2005年6月的低點，點B是2013年6月的低點，連接AB得到一條超長期上升趨勢線。點C包含2014年1月、3月、4月、5月，市場四度試探趨勢線AB，都未能向下突破，之後行情強力向上飆升，證明該趨勢線的支撐作用。點D是2018年10月、12月、2019年1月的3次向下試探，市場再次得到趨勢線AB的有力支撐。

市，但無疑為市場奠定重要底部，確立D點之後相當長時間內，市場的基調是向上拓展。

圖4-2b也是上證指數月線圖，覆蓋時間為12年多，意圖展示當前行情所處的價格形態。歷史高點A和低點B之間存在一個矩形形態，兩點分別界定矩形的上、下邊界線。行情在C處向上嘗試矩形的上邊界，未能到達上邊界就向下回落，顯示出行情內在的疲軟，結果引發從C點到D點的跌勢，行情很快從矩形的上邊掉到下邊，並且在點D一度跌破下邊界線。

矩形形態屬於橫向盤整過程，形態完成後，傾向恢復矩形之前的熊市，即向下突破的機率更大。行情在矩形下邊界的試探，其實是挑戰圖4-2a的上升趨勢線。D處有4根月K線，都曾向下突破點B的歷史價格水平，幸運的是，上升趨勢線的支撐作用有效，D處為假突破，市場重新回到矩形形

圖4-2b　上證指數月線圖（1998 年 7 月～2019 年 10 月 16 日）

↑ 從本圖可以觀察價格形態層面。高點 A 構成之後數年矩形形態的上邊界線，低點 B 構成矩形形態的下邊界線。在 C 處，市場無力挑戰高點 A，轉而向下試探低點 B，並一度創下新低。行情從低點 D 向上反彈後，重新回到矩形內，在圖表最右側的數個月，行情呈現窄幅橫盤。

態內部。之後，市場關心的問題，變成行情能否向上突破矩形的上邊界。

　　矩形形態也可能構成底部反轉，一般需要滿足兩個條件：一是不再繼續創新低；二是持續時間長、波動幅度逐步收窄，直至最終向上突破。圖 4-2b 的最後 6 根月 K 線，似乎滿足第二項條件。接下來，就需要耐心。

　　順帶一提，圖 4-2b 整體上表現為橫向盤整，之後行情的趨勢性可能進一步減弱。

　　圖 4-2c（見 212 頁）是上證指數日線圖，覆蓋時間接近一年，可用來觀察行情演變的細節。圖中的橫向盤整行情不斷收窄，幾乎每個轉折點都有 K 線訊號，我們特別注意到跳空缺口的重要作用。行情先是向下打開一個較大的缺口，我們用 A 標記該缺口的上邊界。理論上，該缺口的整個範圍都構成後續行情的壓力水平，而缺口的上邊界是最後一道防線。

圖4-2c 上證指數日線圖（2018年11月19日～2019年10月16日）

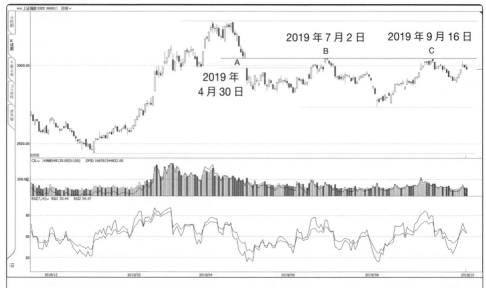

↑ 本圖作為逐日看盤、分析行情細節的工具。點A是向下跳空缺口的上邊界，在之後的行情演變過程中發揮壓力作用。在點B，市場第一次向上試探點A的缺口上邊界，結果未能突破，形成一根十字線。7月2日的十字線與7月1日的陽線組成十字孕線形態，並得到7月3日陰線的驗證。在點C，市場第二次向上試探點A的壓力水平，再次失敗並留下一根小陰線。

　　之後在點B，市場首次向上嘗試填補缺口，但是在點A的壓力水平之處形成孕線形態，並轉頭向下。然後，在點C，市場再度向上嘗試，但隔日又轉頭向下，形成另一個轉折點；這不是典型的K線形態，而屬於基本趨勢訊號。

K線技術與西方技術分析的結合

　　一般來說，西方技術分析大多是從大視角出發，逐步收縮到局部，側重過程分析。源自日本的K線技術則是從局部細節出發，力圖捕獲轉折點，再逐步擴大到價格形態及趨勢，側重關鍵點分析。

　　在多數情況下，行情演變是一步接著一步的連續過程，我們採取3個層

面的方式，從全局看大趨勢，從大趨勢看價格形態，從價格形態看具體行情細節。此時，我們的主要分析框架由西方技術分析提供，而看盤細節由 K 線圖技術提供。

　　一旦發生 V 形反轉，行情演變不是連續過程，而是從急漲到急跌，或從急跌到急漲的跳躍式變化。此時，只能以 K 線技術為主要手段，以西方技術分析為輔助工具。

　　事實上，現實中的行情演變不完全是連續過程，也不完全是不連續的跳躍，而是連續和跳躍交替混雜。此外，西方技術分析工具也可以應用於轉折點分析，日本 K 線技術也可以應用於追蹤趨勢，因此這兩種技術都是必要的，應當根據市場環境各取所長、互為補充。

| 第5章 |

修練4個心法，
散戶也能靠技術分析賺飽飽

5-1 投資獲利多寡取決於行動鍊，各環節都要面面俱到

技術分析的由來

魯迅的名言說：「地上本沒有路，走的人多了，就成了路。」技術分析不是在書齋裡構思的理論，而是一代代投資者在市場上實踐，用無數心血和金錢換來的經驗總結。

傑西‧李佛摩是技術分析的開拓者之一。他於 1877 年 7 月出生在美國麻塞諸塞州南艾肯頓的一戶普通農家，因為不喜歡農民收入不多的艱辛勞動，14 歲初中畢業（1891 年）後就到佩因‧韋伯（Payne Webber）公司的波士頓股票經紀營業部當小弟，工作內容是把電報傳來的股票最新報價，抄寫到大黑板上，讓每個投資者都看得到。

李佛摩的數學成績很好，上學時曾因此跳級。不論行情變化多快，他都能記牢數字，並準確寫到黑板上。當時他還是一個孩子，不知道行情就是金錢，但是他對數字很敏感，行情不斷變來變去，激起他的強烈興趣。

我對數字記得很牢。我能詳細記得前一天的價格如何變化……。我的心算特長讓我在處理這些數字的時候遊刃有餘。

我注意到，在行情上漲或下跌時，股票價格往往表現出特定的習慣——如果可以這樣描述的話。我看到無窮無盡重複發生的相似現象，可以從中歸納出範例，作為未來的指引。雖然當時我只有 14 歲，但心中已經累積成百上千的行情實例。有了這個底子，我漸漸開始有意地檢驗它們的準確性，把股票今天的走法和其他交易日做比較。沒多久，我開始

預測下一步價格變動。

　　我唯一的指引，正如前面交代的，就是股價的歷史表現。我的腦中有一份隨時更新的資訊。我指望股價按照一定的形態或順序變化，我力圖把握價格變化的時機。

　　我對自己這套把戲著了魔，對所有行情活躍的股票都忍不住要小試牛刀，預測它們的上漲或下跌，因此總是隨身帶著小本子，記下自己的觀察。本子上記錄的並不是模擬交易，許多人採用模擬交易來訓練投資技巧──獲利巨萬不會讓你荷包滿滿（當然你也就不會驕傲自滿），虧損巨萬也不會讓你一文不值。

　　我的本子不同，上面記錄的是我預測最可能出現的價格變化，以及結果是正確或錯誤。這樣做的主要用意，是確認我的觀察是否足夠精準，也就是驗證當初的預測是否正確。

　　假設我仔細研究了某個活躍股票的當日全部細節變化，得出的結論是過去出現類似表現時，接下來將下跌 8～10 個點。假設當天是週一，我就在小本子上記錄股票名稱和週一的價格，同時根據我對它過去類似表現的記憶，再記下它在週二和週三應有的表現。週二、週三之後，我再查看行情，核實它的實際交易過程。（出自埃德溫・勒菲弗〔Edwin Lefèvre〕的《股票大作手回憶錄》，本節下同。）

　　這位 14 歲的農村孩子到城裡打工，每天下午收盤後，居然不出去玩，而是重新回看當天的行情，對照自己的小本子，日積月累地分析、歸納。

　　當時他還不知道這些數字可以用來賺錢，直到 15 歲，有一天朋友找他借錢炒股票。起初他吃了一驚，沒有意識到自己這樣的窮人也可以做交易，反應過來後，他趕緊查看小本子上的筆記。

　　果真！根據我的記錄，柏靈頓目前的表現恰恰符合過去上漲之前的表現……。於是，我傾囊而出。他帶著我們湊出來的本錢，趕到鄰近的一家投機商行，買了一些柏靈頓。兩天後，我們賣出變現。我獲利 3.12 美元。

從此之後，李佛摩這位世間少有的交易天才展開他的交易生涯。他走過很長的路，從早期做短線快進快出，到後來掌握整體趨勢，進行長線交易。他的交易生涯四起四落，每一次「起」都意味著他對市場的理解更進一步，每一次「落」都是市場向他發起新的挑戰，迫使他徹底反省，不斷提升自己。

就這樣，一方面他對市場的理解不斷加深；另一方面，他所有的心得都必須經過市場嚴格檢驗。最終，他建構出一套自成體系的市場研究方法（參見傑西‧李佛摩的《股票大作手操盤術》）。

日本 K 線技術的開創者本間宗久，和美國的傑西‧李佛摩，都是投資先行者當中的傑出代表。他們的寶貴經驗匯集成技術分析的各種理論和方法，在金融市場數百年的歷史中，不斷經受考驗和驗證。

總之，技術分析是投資者的生存之道。它不是預測學，而是生存學。它不是學術論文，而是投資者的行動綱領和紀律準則。

技術分析的4大用處

第一個用處是，作為投資交易的行為準則，實際追蹤市場趨勢來獲利。

第二個用處是，既然技術分析簡化並揭示市場本質，我們可以借助它看遍全球的主要金融市場，全盤了解並釐清之間的關聯，建構出一幅全景圖，形成投資的整體思路。

第三個用處是，在形成整體思路的基礎上，在投資工具許可範圍內，實施全球化金融資產配置，範圍盡可能包含所有主要市場。

第四個用處是，借助技術分析反思自己的投資行為，求得啟發。理解市場，就是理解他人；理解他人，反過來就能理解自己。

如何學習技術分析

技術分析的基本教材，有約翰‧墨菲的《金融市場技術分析》、史蒂夫‧尼森的《日本蠟燭線圖技術》。其特點是概念清晰、知識全面，可作為入門教材，幫助初學者建立基礎觀念，培養基本的鑑別能力。學有餘力，可以進一步參考拙作《投資正途》第一章中關於趨勢的理論。

　　掌握技術分析的基礎知識與技巧後，可以將埃德溫‧勒菲弗的《股票大作手回憶錄》、青澤的《十年一夢——一個操盤手的自白》當作案例集來研究。閱讀時，要以技術分析為知識框架和判斷準則，深入理解當事人的經歷、領悟、挫折、盈虧等，而不只是單純看故事。

　　當我們具備一定的人生歷練和交易經驗，可能會遇到一些疑問，卻無法從上述資料中找到答案。此時，《周易》、《老子》、《莊子》、《孫子兵法》、《論語》、《大學》、《中庸》等，都是重要的知識源泉。早讀、早累積，將來便能早領悟，早得到幫助。

　　學習技術分析如同學打球、炒菜或品酒，光是看書學習絕對不夠，一定要邊學邊練、多畫圖、適度交易、反覆對比、做出總結。如果有機會，讀書之餘可以參加研討班，向有經驗的人請教。

　　讀書只是在預備知識，唯有日積月累、堅持不懈，在實踐過程中融會貫通，才能把書中知識轉化為行為準則。你要先牢記規則，再依樣畫葫蘆，將規則應用於實踐中。也許，在相當長的時間內，你不懂自己究竟在做什麼，但遲早有一天，你會驚覺：「啊！書上說的那句話，原來是這個意思！」

　　像這樣不斷累積、慢慢領悟，久而久之，原本書中寫的、別人教的知識與技能，會不知不覺轉化成你自己的心得。你甚至還能去蕪存菁、適時變通，最終進入得心應手的境界。

投資要成功，各個環節要面面俱到

　　投資交易是行動不是研究。研究者追求的是別出心裁、見解獨到，見他人所未見。行動者追求的是面面俱到，每個環節都不能出問題，才能取得最終成果。

　　行動的重點不在於某個環節特別出色，而是在於環環相扣，沒有薄弱的環節。薄弱環節會導致整個行動鏈斷裂，不論其他環節如何堅固，也無法取得最終成果。投資事業的成功取決於整個行動鏈，想要提升事業成果，需要一併提升每個環節的表現水準（見 220 頁圖 5-1）。

圖5-1　投資的行動鏈

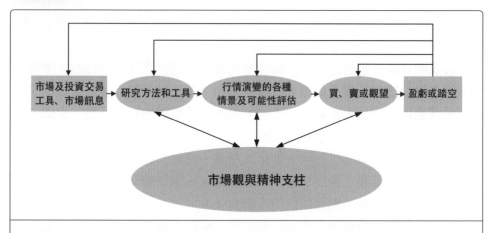

↑ 投資成果取決於行動鏈上面沒有薄弱環節。行動鏈開始於外部的金融市場和投資交易工具，終結於盈虧或踏空的客觀結果。

金融市場及投資工具

　　金融市場有貨幣市場（包括外匯市場）、債券市場、股票市場、大宗商品市場等現貨和衍生商品市場。投資者需要對總體市場有基本了解，特別是國際市場。原因如下。

　　一、市場之間互相聯繫，了解總體市場有助於理解某個具體的市場和交易商品。

　　二、任何交易都要從貨幣市場著眼來考慮，因為貨幣市場的利率是投資成本的衡量標準。在跨境交易中，還必須關注匯率趨勢。

　　三、投資商品日益豐富，投資者需要與時俱進，及時了解，才能選擇適合自己的投資工具。舉例來說，在股票市場，指數 ETF 商品適合大多數投資者，但是不少人不了解，也沒有選擇這類產品。

　　其四，如今可以交易的跨境商品越來越多，了解國際市場，才能帶著全球視野投資境外標的。在網路時代，可以便捷的獲取國內外市場訊息，問題在於市場訊息過多，而不是過少。投資交易必須始終從事實出發，技術分析

真正需要的訊息是交易行情與商品條款，而不是各種觀點、分析、預測、評論、研究報告等。

研究方法和工具

行情的本質是趨勢。技術分析透過圖表工具揭示行情，運用趨勢分析工具辨別市場狀態，再做出相應的買進、賣出、觀望等實際行動，最後從交易盈虧檢驗上述步驟是否正確。

評估行情演變的各種可能

一般來說，行情演變同時存在若干種可能，並非只有一種。各項可能之間有時候只是程度上的區別，有時候則是相互對立。

在追蹤行情時，首先要充分評估各項可能，對未來行情的各種變化都要有心理準備。其次，要靈活評估各項可能的發生機率，這些機率會隨著行情發展此消彼長，一旦其中一項占據壓倒性優勢，就是採取最終行動的時刻。

買、賣，或觀望

這個環節包括 4 件事。首先，技術分析的重點是捕捉趨勢並行動，要在上升趨勢中做多，在下降趨勢中做空，也就是說，倉位要與趨勢方向一致。精準選擇時機和買賣點可以錦上添花，但不是採取行動的決定性因素。

其次，趨勢演變的各個階段具有不同特徵。第一階段為趨勢反轉，應保持警惕。第二階段起伏不定，一定要用十足的耐心從容觀望，或小額慢慢積聚倉位。第三階段變化速度快，必須果斷進場、堅持到底。

再次，在追蹤趨勢過程中，出現橫向盤整時，要分辨其價格形態是持續性質或反轉性質，並採取相應措施。

最後，要不斷深入地認識趨勢形態和買賣訊號，遵守技術分析的紀律，養成良好的投資行為模式。

盈虧或踏空

不論投資者採取什麼行動，市場都會及時給予明確無誤的結果，即盈虧或踏空，使投資者再次回到客觀事實。市場如同一面鏡子，照出投資者

的真實面目，這個道理就像練舞室中四壁的鏡子，讓舞者檢視自己動作的準確度，及時做出糾正。

市場觀和精神支柱

投資者不能改變市場的外部事實，只能改變個人的投資修養。修養的過程有許多挑戰，例如以下 5 點。

第一個挑戰是，如何保證自己朝著大致正確的方向努力，避免根本性的錯誤？

第二個挑戰是，如何把握分寸、不孤注一擲，做好長期打算，以確保自己在市場上存活，保留未來的機會？

第三個挑戰是，如何屢敗屢戰、越戰越勇，堅持到修成正果？

第四個挑戰是，雖然上述都是「我」的個人修養，但事實上是避免在交易過程中摻入「我」的主觀成分。在個人修養中摘除「我」的不利影響，是像革命般的艱難修練。

第五個挑戰是，世上大多數事業與金錢的關係都是間接的，先看事業做得怎麼樣，再看金錢回報。投資交易這一行卻不然，事業成敗就等於金錢得失。要幹這一行，既要通過本行的職業技能關卡，還得通過金錢得失關卡。

面對這些挑戰，不能沒有強大的精神支柱。

精通技術分析的關鍵是第二重境界

宋代禪宗大師青原行思提出修禪的三重境界：參禪之初，看山是山，看水是水；禪有悟時，看山不是山，看水不是水；禪中徹悟，看山仍是山，看水仍是水。

剛開始看山是山，看水是水，是因為入行尚淺，基本上只會模仿，知其然卻不知其所以然，所見所為都是按照直覺。

接下來，學有所得，但還不透徹。此時好比邯鄲學步，雖然最初的直覺已被拋棄，但是新的觀念、方法及行為規範，皆未養成和建立，結果總是兩頭為難。

經過中間階段的反覆磨煉，終於修成正果，形成正確的觀念與方法，養

成合乎要求的行為規範，於是返璞歸真，看山仍是山，看水仍是水。

這三重境界和趨勢演變 3 階段是異曲同工，只不過趨勢 3 階段講的是市場行情，三重境界是指人的歷練過程與心路歷程。

修禪的核心是第二重境界「禪有悟時」，此時的常態是邯鄲學步，當事者常常會出盡洋相而不自知。

邯鄲學步的典故：「壽陵餘子之學行於邯鄲，未得國能，又失其故行矣，直匍匐而歸耳」（《莊子・秋水》）。大致意思是，壽陵的年輕人前往趙國，學習首都邯鄲人的走路姿態，結果不但沒學成，連自己原本的步伐也忘記，只能爬著回家。

西方有一則寓意差不多的故事。哲學家布里丹教授養了一頭小毛驢，他每天向附近的農民買一捆草料來餵牠。有一天，送草的農民出於對哲學家的景仰，額外多送一捆草料放在旁邊。兩捆草的數量、新鮮度、營養和口味完全看不出區別。

布里丹的毛驢跟在哲學家身邊，也學會理性的行為模式，堅持要根據合理性決定先吃哪一捆草料。這頭理性的毛驢站在兩捆草之間，實在找不出先吃某一捆的理由，結果活活餓死了。

大家恐怕都會對那位壽陵少年心存鄙夷，對毛驢也不會有什麼好感，然而這就是第二重境界的特徵。如果什麼都不學或是剛剛開始學，當然不會遇到壽陵少年的煩惱。如果做事不夠理性，或是根本不在乎理性，自然也不會陷入毛驢的困境。

但是，停留在第一重境界就只能當小白兔或小肥羊，知識相當淺薄。不經過壽陵少年和毛驢的磨難，就不可能達到第三重境界。因此，有志於學的人可以將壽陵少年和毛驢當作檢驗標準，唯有到達這個狀態，並在最終度過這個狀態，才有希望上升到第三重境界。

事實上，大多數行業的從業者，可能都處在第二重境界而不自知，為了避免邯鄲學步與布里丹毛驢的困境，在實際工作上會混用第一重境界和第二重境界的手段。只有少數人能真正達到第三重境界。因此，我們要警惕自己是否處在第二重境界，也要對各種口頭推廣、文字資訊保持警覺，慎之又慎。

5-2 技術分析是透過簡化捕捉趨勢，學會用直尺和筆走天下

古人說：「大道至簡。」

投資交易的過程是由 3 方面組成：市場、觀察與交易工具、投資者本人「我」（見圖 5-2）。市場是複雜的，這是每個投資者必須接受的客觀事實。工具可以簡單，也可以複雜，端看投資者的取捨。投資者本人當然是複雜的，但是事在人為，勤加修煉便有可能把自己變簡單，甚至簡單到極致，達到「無我」境界。

圖5-2 投資交易的3個方面

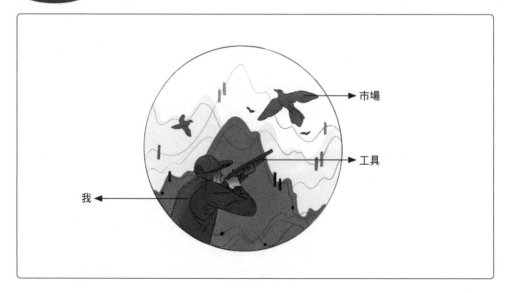

上述 3 個方面綜合起來，能得出 4 種結果：

◆**第一種結果：**市場複雜＋工具複雜＋「我」複雜＝毫無希望。
◆**第二種結果：**市場複雜＋工具複雜＋「我」簡單＝結果複雜。
◆**第三種結果：**市場複雜＋工具簡單＋「我」簡單＝有希望成功。
◆**第四種結果：**市場複雜＋工具簡單＋「無我」＝很可能成功。

想要成功交易，我們要用簡化應對市場的複雜，一方面保持工具簡單，另一方面儘量避免投資者本人的影響。以下先討論工具，將「我」放在後文探討。

技術分析透過 K 線圖簡明地展現行情，並透過各種分析工具簡明標記市場狀態，盡可能在第一時間反映市場狀態的改變。最後，投資者透過買賣或觀望，將分析結論落實到交易行為，適時順應趨勢。綜合上面所述，技術分析就是簡化的功夫，透過簡化力求捕捉市場行情的本質，也就是趨勢。

技術分析有一句行話：「鉛筆和直尺走天下。」鉛筆和直尺聽起來太簡單了，怎麼可能有那麼大的魔力？道理如下。

首先，市場總是在不同狀態之間變動，既有趨勢狀態，也有橫盤的非趨勢狀態。

其次，技術分析借助趨勢分析工具辨別市場狀態，並透過直線標記市場狀態的邊界。若行情處在邊界內，代表市場屬於現有的 A 狀態；若行情突破邊界，代表市場進入另一種 B 狀態。並非鉛筆和直尺有什麼魔力，而是投資者借助它們繪製輔助線，可以清晰地標記、揭示市場狀態，並且在行情發生突破時，第一時間察覺市場狀態的改變。

最後，當市場狀態改變，我們的交易倉位也要隨著改變。總括來說，技術分析從行情事實出發，分析並標記市場狀態，當市場狀態改變，立即採取行動去適應改變，由此形成交易規則和行動紀律。

恆心實踐才能領悟「簡單」

然而，為了獲得簡單的本領，必須先下足繁雜的功夫。《老子・第四十

八章》說：「為學日益，為道日損。」關鍵在於不經過「益」，就不可能「損」；不先「為學」，就不可能「為道」。這讓我們再思考修禪的三重境界。

第一重境界的重點是「學」，古人說：「書山有路勤為徑，學海無涯苦作舟。」看經典著作、找機會聽課、拜師學藝都是好辦法，要盡可能知道得多一點，得到更多資訊。這個階段有點像在讀旅遊書，讀得越多，旅程準備得越充分，但基本上還是紙上談兵，不可能代替親身遊覽。

充分獲得資訊後，進入第二重境界，重點是「習」。南宋陸遊的《冬夜讀書示子聿》詩中寫道：「紙上得來終覺淺，絕知此事要躬行。」要多動手嘗試，親身實踐別人傳授的知識，細細反芻所得的體驗，力求從中獲得領會，一點一滴累積經驗。

第二階段像是帶著地圖旅遊，每個景點都令人驚艷，但旅人只是過客，很難深刻地感受當地的風土人情，了解當地的歷史、地理、文化，只能留下浮光掠影的印象。

量變可以產生質變，走訪的次數累積多了，終有一天會對當地生出不一樣的體會。因此，旅人不能光是旅遊，得在當地體驗生活；不能只在獨立景點之間走馬看花，得把每個景點連貫起來，獲得山川地理的全貌。

這個過程又如盲人摸象，每次都只能摸到大象的一部分，難以形成全貌。不過，只要把大象的各個部位安排到各自應有位置，就能得出大象的完整全貌，也能掌握各部位的局部細節。

理解就是似是而非、似非而是的重複過程。這條道路曲折，若沒有恆心、不能吃苦，就不可能領悟真諦。

5-3 投資的最大挑戰是什麼？破除 3 個盲點就能提高勝率

　　如圖 5-2 所示，投資交易是市場、工具和「我」的結合。撇開市場不談，投資交易的結果必然混合工具和「我」的作用，是技術與人兩方面綜合的成果。因此，投資者同時面臨兩項挑戰，一是如何認識工具、選擇工具、使用工具，二是如何認識「我」、管理「我」。

　　其中對「我」的挑戰尤其深刻，因為投資交易的結果是金錢得失，而金錢對人的影響極為深切，即使是父子、兄弟，都可能為錢反目成仇。

　　舉例來說，當技術分析發出一系列買賣訊號，「我」便對這些訊號加以過濾和解讀，認為其中有的訊號可信度高，可重倉投入；有的訊號可信度低，應輕倉投入或放棄。這些過濾和解讀不屬於技術分析的內容，往往成事不足、敗事有餘。事後來看，重倉的可能帶來虧損，輕倉的、放棄的反倒可能失去獲利機會。

　　有些人讀了幾本書、聽了幾堂講座，開始使用技術分析方法，經過若干嘗試後，發現效果不佳，便宣稱技術分析無效。然而，從前文的討論來看，技術分析並沒有那麼好掌握，而且「我」更是難辦。

　　事實上，有時候投資交易的結果亮眼，很大程度上只是一時好運，因為絕大多數的人天生偏好做多，而當時的行情恰恰處在牛市中。在這個情況下，如果將投資獲利歸結為自己切實精通工具，或是自己英明蓋世，那實在是有點不知天高地厚。

　　相同的道理，有時候投資交易的結果不好，很大程度上也只是一時運氣不濟。總之，投資交易的結果關係到工具與「我」的結合，不能單一歸結到工具上。

盲點1：想到不等於做到，大多數根本行不通

「我」遭遇的第一個挑戰是：想法不等於行動。原因有三。

首先，想法必須基於事實，然而什麼是事實？

一般來說，已發生且能被「我」及時、準確獲得資訊的事件，才是「我」的事實。未來可能發生、不能準確或及時獲得資訊的事件，都不算是事實。不基於事實的想法有如在沙灘上蓋大樓，地基不穩固。

技術分析認可的事實只有行情，換言之，只有行情才是想法唯一可靠的根基。行情包括價格、成交量、持倉量，這些資訊在第一時間被發布出來，所有市場參與者都可以據此競爭交易。

其次，「我」可以同時擁有千奇百怪，甚至相互矛盾的想法，困難就在於，究竟應該實踐哪一個想法？雖然「我」的想法可以天馬行空，行動卻必須腳踏實地。

實際上，大多數想法根本行不通，而且往往只能擇一實行，選擇A做法，就不能選擇B做法，於是令「我」左右為難，即便勉強做出選擇，也很容易動搖，難以堅持到底。

最後，「我」有一種奇特的傾向，容易混淆想法和做法，往往以為想到就是做到。退一萬步來說，即使真的做到，該如何確保做得正確呢？唯有實踐才是檢驗真理的唯一標準。想法是「我」的，具有主觀性，為了保證想法符合客觀世界，必然要根據外部事實進行驗證和調整。

綜合上面所述，真正可靠的想法必須根據事實，否則根本無足輕重，反倒成為行動的絆腳石。

盲點2：無法適時形成觀點，導致莽撞行動

曾參的家住在費地，那裡有一個和他同名同姓的人殺了人。有人告訴曾參的母親：「曾參殺人了！」曾母回答：「我的兒子絕不會殺人。」沒多久，又有一個人跑來說：「曾參在外面殺了人。」曾母仍然不理會，不慌不忙地照常織布。又過了一會兒，第三個報信的人跑來說：「曾參殺人了。」曾母驟然緊張起來，慌忙扔下織布的梭子，越牆逃走了。

　　這是成語「曾參殺人」的典故，曾參是儒家大賢，曾母原本了解他、信任他，但是經過 3 次消息的刺激，原本的信任動搖，轉而相信兒子可能真的殺了人。

　　外部資訊的刺激會使我們產生觀點，觀點促使我們採取行動。但是，無論是從外部資訊到形成觀點，還是從形成觀點到實際行動之間，都會有一段時間差。

　　要產生觀點，當事人必須先注意到外部資訊。但是，人往往因為不關心或是欠缺專業能力，導致敏銳度不足，不容易注意到外部資訊。其次，外部資訊往往必須重複數次，才足以產生觀點，如果要改變既有的觀點，就得重複更多次。當事人越遲鈍，需要重複的次數越多；越敏銳，需要重複的次數越少。

　　在曾參殺人的故事中，曾母對兒子十分關心，不可能沒有注意外部資訊，然而在 3 次外部資訊的重複刺激下，曾母改變觀點，意識到兒子可能真的殺人，於是逾牆而走。

　　通常，當我們第一次遇到某個事件，往往感到新鮮，但是較少放在心上，較難認真對待與思考。第二次遇到同一事件時，可以與第一次做比較，得到更多資訊，於是會開始留意。當以後再遇到，累積的資訊更多，對這件事的思考也會更深入，進而逐漸產生觀點。

　　反應快的人經過少數幾次重複就會產生印象，較快形成觀點，但容易反覆不定。反應慢的人經過多次重複才能產生印象，雖然較慢形成觀點，卻相對穩定。

　　然而，不論反應快慢，觀點總是滯後於實際事件，於是脫離現實，進而導致當事人行為失當，有可能帶來損害。從專業角度來看，最合適的應對方法是在事件發生後的第一時間，快速形成適當的觀點，同時採取相應行動。

　　有兩種技術分析工具，分別代表事件出現後形成觀點的適時性與滯後性：基本的突破訊號具有適時性，移動平均線的突破訊號具有滯後性。

　　基本的突破訊號以歷史高低點為比較基準，突破歷史高低點就構成買賣訊號。歷史高低點是客觀的存在，不會因採用不同時間單位的圖表而改變。而且，當前價格是否突破歷史高低點，屬於行情現場發生的事實，沒有滯後的問題。

圖5-3a 　上證指數日線圖（2018年8月7日～2019年8月16日）

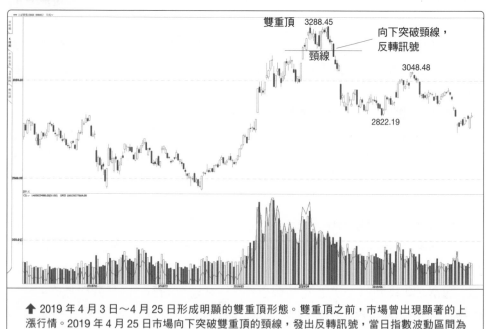

↑ 2019年4月3日～4月25日形成明顯的雙重頂形態。雙重頂之前，市場曾出現顯著的上漲行情。2019年4月25日市場向下突破雙重頂的頸線，發出反轉訊號，當日指數波動區間為3123～3193。

　　如圖5-3a所示，在經歷一輪明顯的上漲行情後，出現一個雙重頂形態。2019年4月25日，當市場向下突破雙重頂的頸線，雙重頂形態完成，發出向下反轉的趨勢訊號。

　　移動平均線是行情資料加工後的結果，平均線上的每個點，都是若干行情資料的平均值。計算平均值而不採用原始的價格資料，好處在於去除週期短於平均線時間參數的小波動，使移動平均線更平滑、穩定性更高；壞處在於小波動有時候是大波動的開頭，包含有價值的資訊，當我們捨棄小波動，實際上也捨棄訊號的靈敏度。當移動平均線的時間參數越長，平滑效果越好，代價是滯後效應越強，訊號越遲鈍。

　　如圖5-3b所示，圖上繪製兩條移動平均線：一條時間參數較短，為19日移動平均線；另一條時間參數較長，為55日移動平均線。這兩條線都對

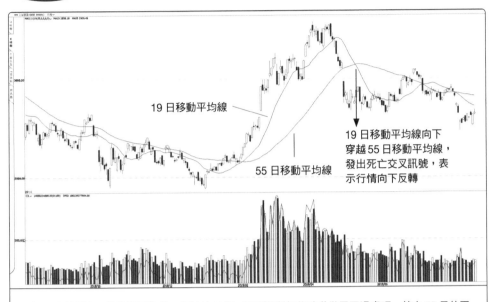

圖5-3b　上證指數日線圖（2018 年 8 月 7 日～2019 年 8 月 16 日）

⬆ 圖上繪製出兩條移動平均線，相較於 K 線，兩者都對價格波動做了平滑處理，其中 55 日的平滑效果比 19 日更好。不過，兩者都滯後於行情，且 55 日的平均線更遲鈍、滯後得更多。2019 年 5 月 15 日，時間參數較短的移動平均線，向下穿越時間參數較長的移動平均線，構成死亡交叉訊號，表示行情向下反轉，當日指數波動區間為 2902～2945。

價格波動做了平滑處理，而且時間參數越長，平滑效果越好，但是反應越遲鈍，相對於行情的變化越滯後。2019 年 5 月 15 日，19 日移動平均線，向下突破 55 日移動平均線，發出死亡交叉訊號，表示行情向下反轉。

比較圖 5-3a 和圖 5-3b，移動平均線的突破訊號滯後 11 個交易日。不僅如此，基本的突破訊號發生在 3150 左右（頸線的價格水平），移動平均線的突破訊號發生在 2940 左右（當日收盤價附近），相差 200 點以上，幅度接近 7%。從後來的行情發展來看，後者基本上已無利可圖。

可能有人會指出，移動平均線可以設定為更短的時間參數，來提高靈敏度。但是，圖 5-3b 的兩條移動平均線是為了揭示先前的上升趨勢，與雙重頂之前的上漲過程互相匹配，若選取更短的時間參數，靈敏度可能提高，卻會在追蹤上漲行情時得到反覆不定的訊號，效果比較差。

　　人形成觀點的過程與移動平均線相似，觀點的形成來自類似事件的重複刺激。如果當事人較敏銳，則事件需要重複的次數少，形成的觀點容易改變。如果當事人較遲鈍，則事件需要重複的次數多，形成的觀點不容易改變。無論如何，都會有滯後效應，只是前者滯後較少，後者滯後較多。

　　這揭示一個普遍現象：人的境遇變化在前，觀念跟進在後，但是，人在事發當下並非沒有作為，而是糊里糊塗就做出行動。換句話說，頭腦還沒有想到，身體已經行動。在事發當下，我們沒有能力馬上明白情況，但會馬上以行動應對，事後才慢慢琢磨。於是，身體比頭腦動得快，現實比思想變得快。

　　這好比我們理解父母變老的過程。年輕時，往往以為父母仍像我們兒時一樣健壯，不能理解中老年的身體每況愈下，於是對父母照顧不周。等到自己也上了歲數，對於變老這件事有了一點切身體驗時，父母已經垂垂老矣。

　　一般來說，觀點總是滯後，因此總是脫離現實。技術分析專業訓練的基本目的在於，當事件發生時，人可以正確認識事件的本質，在第一時間採取恰當的應對措施，不需要等事件重複發生。如此一來，可以盡可能縮短滯後效應，使觀點不脫離現實。本書之所以強調突破訊號等趨勢分析工具，原因就在於此。

盲點3：陷入路徑依賴，喪失客觀性

　　路徑依賴俗稱「宿醉」效應，也就是前一天晚上喝酒後，到了今天早上頭腦還是昏昏沉沉。

　　事件已經過去，頭腦應該放下它，只有這樣才能客觀敏銳地迎接新事件。但是，我們往往受到過去發生的事件影響，頭腦不能重新歸零，於是形成路徑依賴的習性。

　　思想不同於行為，思想可以天馬行空，行為卻要盡可能合理、恰當。以走路為例，每一步都必須從上一步的位置出發，因此必然有路徑依賴，然而每一步都應根據目的地的方位，調整前進方向。

　　行動有路徑依賴，倘若思想也有路徑依賴，目的地將逐漸變得模糊，最終迷失方向。借鏡子做比喻，每次照鏡子，鏡子上不會留下影子，否則鏡子

用得越久，影子累積得越濃密，將慢慢失去映照的功能。

　　回到基本的突破訊號和移動平均線的突破訊號來看，移動平均線是新舊價格資料平均的結果，屬於路徑依賴。

　　前文說到，技術分析專業訓練的目的，是讓人不用等待事件重複，在第一時間就得出正確見解，進而採取恰當的應對措施。我們從本段得到的啟示是，當新的事件發生，要斬斷路徑對思路的束縛，重新歸零，在第一時間抓住新事件的本質，採取相應的行動應對措施。

5-4 3個啟示幫助你成為高手：鏡子與水、騎腳踏車……

鏡子和水的啟示

　　《莊子・應帝王》中寫道：「至人之用心若鏡，不將不迎，應而不藏，故能勝物而不傷。」這句話的意思是，真正高超的人運用他的心猶如鏡子一樣，外物來的時候不迎接（不預設條件），外物去的時候不挽留（不留痕跡），只是如實反映外物本來的面目，既不隱藏也不保留，所以能順應各種事物，而不會受到事物的困擾或損害。

　　《老子・第八章》更提到：「上善若水。」水的特點之一是能隨時找到水平，類推到人的所思所為，相當於做事的態度與方法能隨時保持公道、恰如其分。這正是我們學習技術分析所追求的境界，而且我們還追求長期、一貫地保持恰如其分。

飛行員與儀表板的啟示

　　噴射機的速度快，飛行員很容易產生錯覺，混淆海面與天空、正飛與倒飛，若不查看儀表板，很可能在極短時間內栽到地面，發生憾事。

　　當飛行員的感官與儀錶板數據互相矛盾時，應該依靠感官直覺還是儀錶板呢？事實上，飛行員必須以儀錶為憑據，捨棄個人感官，把查看儀錶化為直覺，才能確保飛行安全。

　　將飛行員與儀錶的關係對應到技術分析，大致相當於以下過程。

◆**觀察：** 僅以事實為準，捨棄各種分析、說法。

◆**判斷：** 僅以技術分析的規則為準，捨棄各種想法、靈感。

◆**過濾：** 不再主觀取捨技術分析的訊號，捨棄人為偏好。

◆**行動：** 及時做出機械式反應，捨棄心情、意願。

◆**追蹤：** 以市場回饋為準，捨棄期望、想像。

　　未經訓練的平常人，其反應是自然的、直覺的；擁有專業素養者則是按照專業規範，做出專業反應。學習技術分析，就是要把技術分析的專業訓練化為直覺，取代原本的感官直覺。

　　成功的投資者以專業反應替代直覺反應，這好比鯉魚躍龍門，躍過龍門就化身為龍，躍不過則仍是鯉魚。不經歷這個巨大的飛躍，就不可能真正掌握技術分析專業訓練的內容。

騎腳踏車的啟示

　　得一的概念來自老子。《老子·第三十九章》中寫道：「昔之得一者，天得一以清；地得一以寧；神得一以靈；穀得一以盈；萬物得一以生；侯王得一以為天一正。」無獨有偶，孔夫子也說：「吾道一以貫之。」

　　學騎腳踏車就是一種「得一」的過程。在學會之前，腦中想著騎起來，眼睛看著前路，雙手把著龍頭，雙腳出力踩踏板，雖然身體的分工沒有錯，但初學者的心、眼、手、腳不能協調，各行其事，往往騎不了幾步就會摔倒。真正學會之後，心、眼、手、腳合作無間，簡直像天生就會騎腳踏車。

　　如果問騎腳踏車的人，腦中怎麼想、眼睛怎麼看、手腳怎麼動，他們往往說不上來，只是自然而然就往前騎。這就是「得一」，不僅心、眼、手、腳協調一致，甚至自行車手與自行車也已經融為一體。

　　技術分析所追求的「得一」，大致表現在 4 個方面。

　　第一，行情複雜多變，投資者的想法卻不能複雜多變，而是要認清行情本質、抓住關鍵。這是「為學日益，為道日損」當中「損」的功夫。想法太多，行動就難以定奪，所以不能有太多想法，不能允許想法紛至沓來。

　　第二，想法要一以貫之。不是要維持想法不變，而是要讓想法追隨行情、

適應行情。基本的法則是：行情變，我變；行情不變，我不變。這樣的想法才是技術分析所追求的前後一致。

第三，確保想法與行動一致。想法來自「儀錶」，即專業的觀察分析，而非來自一時的靈感或直覺。而且，從儀錶到行動的過程是機械式銜接，不應當經過人為篩檢。

第四，想法靠不住，因此要以市場為鏡，行情事實為依歸，持續核對、總結、矯正想法的正誤。這好比練舞室的四壁都是鏡子，練舞者隨時都能看到自己的姿勢，隨時進行糾正。

傑西・李佛摩說：「人們說，凡事皆有兩個方面。然而，股票市場只有一個方面，既不是多頭的方面，也不是空頭的方面，而是只有正確的方面。」（出自《股票大作手回憶錄》）。

「得一」的最終目的是，讓想法與行為恰如其分，保持在正確方向，讓行為具備一致性，身心和諧統一，投資者與外部市場也和諧統一。

國家圖書館出版品預行編目 (CIP) 資料

看見趨勢訊號再下單：用190張圖看懂反轉與持續的10個形態
／丁聖元著
--初版. --新北市：大樂文化有限公司，2023.04
240面；17×23公分 . --（Money；045）

ISBN：978-626-7148-44-0（平裝）
1.股票投資　2.投資技術　3.投資分析
563.53　　　　　　　　　　　　　　　　　112001135

Money 045

看見趨勢訊號再下單
用190張圖看懂反轉與持續的10個形態

作　　者／丁聖元
封面設計／蕭壽佳
內頁排版／蔡育涵
責任編輯／林雅庭
主　　編／皮海屏
發行專員／孫家豪
發行主任／鄭羽希
財務經理／陳碧蘭
發行經理／高世權
總編輯、總經理／蔡連壽
出 版 者／大樂文化有限公司（優渥誌）
　　　　　地址：220 新北市板橋區文化路一段 268 號 18 樓 之 1
　　　　　電話：（02）2258-3656
　　　　　傳真：（02）2258-3660
　　　　　詢問購書相關資訊請洽：（02）2258-3656
　　　　　郵政劃撥帳號／50211045　戶名／大樂文化有限公司

香港發行／豐達出版發行有限公司
地址：香港柴灣永泰道 70 號柴灣工業城 2 期 1805 室
電話：852-2172 6513　傳真：852-2172 4355

法律顧問／第一國際法律事務所余淑杏律師
印　　刷／韋懋實業有限公司

出版日期／2023年04月11日
定　　價／330 元（缺頁或損毀的書，請寄回更換）
I S B N　978-626-7148-44-0